物华天宝

诗文里的广西

黄伟林◎著

广西教育出版社·南宁

图书在版编目（CIP）数据

物华天宝 / 黄伟林著 . -- 南宁 : 广西教育出版社，2024.7

（诗文里的广西）

ISBN 978-7-5435-9432-6

Ⅰ . ①物… Ⅱ . ①黄… Ⅲ . ①广西－概况 Ⅳ . ① K926.7

中国国家版本馆 CIP 数据核字 (2024) 第 022432 号

WUHUA TIANBAO

项目统筹：张星华
责任编辑：周栩宇
装帧设计：杨　阳
责任校对：石　刚　唐　雯
责任技编：蒋　媛

出 版 人：石立民
出版发行：广西教育出版社
地　　址：广西南宁市鲤湾路 8 号　邮政编码：530022
电　　话：0771-5865797
本社网址：http://www.gxeph.com
电子信箱：gxeph@vip.163.com
印　　刷：广西昭泰子隆彩印有限责任公司
开　　本：880mm × 1230mm　1/32
印　　张：7
字　　数：118 千字
版　　次：2024 年 7 月第 1 版
印　　次：2024 年 7 月第 1 次印刷
书　　号：ISBN 978-7-5435-9432-6
定　　价：35.00 元

前 言

曾经有过一个关于广西地貌的形象概括，所谓“八山一水一分田”，这个描述容易让人误以为广西先天资源匮乏。事实上，广西资源不仅不匮乏，而且还称得上丰富。据 2023 年报道，广西生物多样性丰富度居全国第三位。其中，广西珍稀物种、濒危物种的特有值在全国排名第一；广西已知陆栖野生脊椎动物 1151 种，位居全国第二；广西已知野生维管束植物 9494 种，位居全国第三。广西矿产资源种类多、储量大，尤以铝、锡等有色金属为最，是全国 10 个重点有色金属产区之一。广西已发现的矿产有 171 种（含亚矿种），已查明资源储量的有 122 种，其中 85 种资源储量居全国前十位，12 种资源储量居全国第一位。

这些数字堪称亮眼，广西的资源丰富足以让自己骄傲，让别人羡慕。但刘硕良和郑维宽同时指出：受惠复受制，地利非百利。他们探讨广西经济文化上长期落后于先进地区的原因，认为“在于濒海而长期没有真正走向海洋，位于大陆却与内地有五岭之阻隔，俨然内外有别”。

清代赵翼的《檐曝杂记》有一则《树海》，似乎可作为广西植物资源丰富而且珍贵的佐证：

镇安沿边与安南接壤处，皆崇山密箐，斧斤所不到。老藤古树，有洪荒所生，至今尚葱郁者。其地冬不落叶，每风来，万叶皆飐（zhǎn），如山之鳞甲，全身皆动，真奇观也。余尝名之曰“树海”，作歌记之。其下阴翳，殆终古不见天日，故虺（huǐ）蛇之类最毒。余行归顺州途中，有紫楠木七十余株，皆大五六抱，莫有过而顾之者，但供路人炊饭而已。孤行者无炊具，以刀斫竹一节，实水米其中，倚树根而炊。炊熟，则树根之皮亦燃。久之，火盘旋自外而入，月余则树倒矣。倒后火仍不灭，旅炊者益便焉。使此木在江南，不知若何贵重，而遭此厄，可惜也。余尝欲构一屋材，拟遣匠克尺寸断之，雇夫运出。终以距水次甚远，一木须费数十千，遂不果。

……“我”在经过靖西的时候，看到70多株紫楠木，有五六人合抱那么粗大，但路过的人都视若无睹，只是供路过的人用来煮饭。有些孤身赶路的人没有带炊具，就用刀砍一节竹子，把水和米放在竹筒里，靠着紫楠木的树根生火，饭煮熟的时候，紫楠木树根的皮也烧燃了，久而久之，火从树皮烧到树心，一个多月后，紫楠木被烧倒了。紫楠木倒后，火还没有熄灭，过路的人在那里做饭更方便了。这些紫楠木如果长在江南，不知道有多么贵重，可是在这里却遭到这样的厄运，真是可惜啊。“我”曾经需要造房的木材，打算派工匠量好尺寸去砍伐那里的紫楠木，然后雇搬运工运出来，结果还是因为离码头太远，一株树的运费就要几十千，最后不了了之。

这个故事一方面让人感慨在古代当地人丝毫没有认识到紫楠木的珍贵价值；另一方面也说明，即便有少数人知道其价值，因交通不便、运输成本高，想要运输出去，发挥其价值，也是难以实现的。

随着广西交通条件的改善，广西丰富珍贵的自然资源也逐渐被发掘。民国时期，一位名叫吴尊任的编者编辑了一本

《广西特产物品志略》，其序言有部分内容特别有见地：

一国家之富强，非幸致也；一民族之兴盛，非偶然也。……吾尝纵观返勘，喜与惧交战于怀，爰有此书之辑。非炫桂产物品之名贵，之特殊，冀邦人士各就土宜，择一二种繁殖而精制之，使能行销全世界，嘉惠全人类。如是，富力基于物力之发皇而增进，国力自应于富力之磅礴而伸张。中国民族之复兴，其枢机似在此而不在彼。有能省识之者欤，亦视其人之器识何如矣。

这篇序言写于1937年农历七月，作者说明他决定编辑这本书，不是为了炫耀广西特产的名贵、特殊，而是希望广西人士因地制宜，选择一两种作物繁殖，并且精心制作，使它们能够行销全世界，嘉惠全人类。如果做到这一点，财富就能够基于资源而发展增长，国力也会伴随财富的发展增长而伸张。中华民族的复兴，其关键似乎在这个方面而不在其他方面。能这样认识问题的人，其胸怀见识应该称得上高明。

说起来，《广西特产物品志略》不过是薄薄一册，所介绍物品也不过区区数十种，但编者所表现出来的胸怀见识却不同凡响。当时的广西省主席黄旭初为其题词：

山贡其珍，川效其鳞，八桂之间，品物纷陈。地何患瘠，民何患贫，开此陆海，富媲西邻。一编玩索，神味津津。

物换星移，当我们在新时代编写《诗文里的广西·物华天宝》这本小册子，同样不是为了炫耀广西的地大物博，而是在思考，广西的交通状况已经获得极大的改善，在新时代壮美广西建设新征程上，究竟什么才是广西快速发展的关键因素？为编写这本小册子，我收集并阅读了不少广西文献，我的答案是，一个地区的发展，最重要的因素仍然是人，是文明，或者说，是文明教化的人，具备科学素养的人。

明代袁袠（Zhì）曾任广西提学佥事，他的诗《自柳至平乐书所见》其二写道：

邕管真堪赋，江南恐不如。
橘奴金弹密，荔子水晶虚。
海错羞方物，山蕉入野蔬。
无论宝玉贱，鱼米自宜居。

我们所知道的事实是广西距离江南富饶的“鱼米之乡”还有不短的路途，但这是我们的愿景。我们相信，只要付出诚实智慧的劳动，愿景终会成为现实。

有些广西著名物产，像甘蔗、茉莉、田七、银杏、绣球、六堡茶、金花茶、荔浦芋、罗汉果、坭兴陶、桂林马蹄等等，虽然名气很大，但古代文献的记载很少，甚至没有，或者我没找到。而本书引用的诗文大多是古代诗文，这也使许多广西特色物产无法进入本书。

这本小书努力发掘广西自然物产的文化内涵，也可视作对广西发展所尽的绵薄之力。

在收集资料的过程中，得到广西师范大学李逊先生、玉林市文学艺术界联合会陈琦先生、河池市文化广电体育和旅游局韦礼明先生等友人，以及广西师范大学在读本科生黄高峰的支持，在此深表感谢！

黄伟林

目 录

草木葱茏

春日迟迟，卉木萋萋

果香诱人

桃之夭夭，有蕡其实

匠心独具

以御宾客，且以酌醴

草木葱茏

春日迟迟，卉木萋萋

次第秧针绿又齐：稻

考古资料表明，距今一万年以前，广西先民已经对野生稻进行人工驯化和栽培，这标志着原始稻作农业的产生，广西因此成为世界上最早栽培和种植水稻的地区之一，是世界稻作农业的重要起源地。

司马迁《史记·货殖列传》对南方稻作文明有记载：“楚、越之地，地广人希（稀），饭稻羹鱼，或火耕而水耨（nòu），果隋（duò）蠃（luó）蛤，不待贾而足。”

这段话的意思是湖广地区地广人稀，以米为饭，以鱼为菜，烧草，下水种稻，草、稻一起长到七八寸，灌水除草，瓜果螺蛤，无须从外地购买便能自给自足。

东汉杨孚《异物志》记载岭南有一种一年两熟的交趾稻：“交趾稻，夏冬又熟，农者一岁再种。”

晋朝裴渊《广州记》记载："交趾有骆田，仰潮水上下，人食其田，名为骆人。"这段话的意思是岭南地区有一种田称为骆田，因利用潮汐的涨落以灌溉水田而得名，当地人吃骆田出产的稻米，被称为骆人。

［元］佚名《嘉禾图》　台北故宫博物院藏

刘锡蕃《岭表纪蛮》有一节写广西山地稻田，用“地瘠人耕石，山高马踏云”来描绘，既精准形象，又充满诗情画意。刘锡蕃接着写：

读者即此二语，其中景况不难以想象得之。其地万山蟠结，无寸尺平土。蛮人即于森林茂密山溪汐流之处，垦辟为田。故其田畴，自山麓以至山腰，层层叠叠而上，成为细长之阶级形。田塍（chéng）之高度，几与城垣相若，蜿蜒屈曲，依山萦绕如线，而烟云时常护之。农人叱犊云间，相距咫尺，几莫知其所在。汉人以其形似楼梯，故以“梯田”名之。

这段文字既讲述了梯田的来历，又展现了梯田的美丽。可以说，广西本土居民在山地开垦的梯田，既生产了物质食粮，又创造了审美景观。

广西不仅水稻种植历史悠久，而且广西稻米的品质也不错。《粤西丛载》转录过一段文字：

始兴令杨应隆，柳州人，言其远祖掘地种竹。忽地中铿然有声，得一石瓮。发之，有物数百个，长三寸有余，其上下肤如谷形。去肤熟之，即是大米，香美异常。后食者寿皆百二三十岁。饮其汁者，寿亦八九十。尝读《藏经》云：“太古之世，谷长五六寸，人寿皆数百岁。”

这段文字说的是柳州人杨应隆曾在地下掘出几百粒稻米，味道香美异常，吃了这稻米的人都获得长寿。这种记载类似小说家言，真假难辨。但古代有关广西水稻种植的诗歌确实不少，读这些诗歌，可以感受到古代广西稻作文化的变迁。

唐代曾官居相位的李德裕晚年被贬海南，途经广西今北流、玉林两市间的“鬼门关”时，写有《鬼门关》诗（一题《谪岭南道中作》）：

岭水争分路转迷，桄榔椰叶暗蛮溪。
愁冲毒雾逢蛇草，畏落沙虫避燕泥。
五月畬田收火米，三更津吏报潮鸡。
不堪肠断思乡处，红槿花中越鸟啼。

诗歌前四句描写岭南整体的自然环境，桄榔椰树繁多，瘴气严重，传说中的沙虫会暗中攻击人。第五句“五月畬田收火米”写的正是当时的稻作农业，畬田是刀耕火种的稻田，火米是畬田中种植的旱稻，这句诗证明水稻在唐代已经成为岭南地区的重要农作物。

在广西任职的官员，大多重视农业生产，明代曾在广西怀集（今属广东）任职的区昌就写过《劝农歌》：

桂林龙脊梯田

东城春气和，氤氲袭农蓑。

停尔耒（lěi）与锄，听我劝农歌。

民生百艺农为好，上天养人谷为宝。

深耕易耨贵及时，我劝我农休草草。

我农务本慎勿猜，细民衣食何由来？

天子在上耕籍田，田头把耒犹三推。

土膏既肥雨新足，转头还见黄云熟。

狼藉登场男女喜，先输官粮免催督。

免催督，家亦充，黄鸡白酒里社同。

县令劝农还庆农，击节为尔歌年丰。

当时天气已经转暖，云烟弥漫，笼罩着农人的雨衣。区昌趁此时机，请正在翻土耕田的农人们停下来，听他唱一首劝农歌。有如此敬业的官员鼓励百姓勤勉务农，广西的农业定能有所进步。区昌之后数十年，曾在广西做官的方弘静写有《兴安道中》一诗：

云迷峰自叠，滩急水相离。

竹露长疑泪，松风不断吹。

壮儿歌刈稻，瑶女舞祈祠。

万里今封建，无言陋九夷。

自然环境还是原来的，但由于农业的兴盛，社会环境有所改善，明代方弘静笔下的广西与唐代李德裕笔下的广西，已不可同日而语。

事实上，稻作文化不仅给八桂大地带来物质文明，还为八桂大地带来审美享受。人们都知道广西自然山水的美好，其实广西田园风光同样迷人。宋代曾在广西做官的朱子恭写过《全州出郊即事》二首，其中一首写道：

水满牛耕犊后随，早田大半已翻犁。

趁时浸谷清明近，次第秧针绿又齐。

［清］徐扬《农具十咏》之一　台北故宫博物院藏

这首诗既有空间景观，又有时间推移，既有自然风物，又有人文风情，堪称一幅八桂大地天人合一的风景画。

如今，人类已由农业文明阶段步入工业文明阶段，但稻作文化仍然是人类文明的基础。作为稻作文化的故乡，广西稻田与广西山水相融合，构成了广西人最美丽的家乡符号。在平原地区，我们可以看到峰林地貌与田园风景的和谐辉映；在高山盆地，我们可以看到层层梯田的婀娜多姿。稻作文化就像一支水墨笔，使曾经遗世独立的八桂山川变成了可亲可近的诗意家园。

桂

桂应该是广西最具代表性的物产，因为它被作为广西简称。南宋周去非《岭外代答》载："南方号桂海，秦取百粤，号曰桂林。桂之所产，古以名地。"意思就是因为广西产桂，所以被称为桂海、桂林。

桂大约有三种：第一种称桂，为樟科樟属常绿乔木，分肉桂（牡桂）和新加桂两种；第二种称桂花，为木樨科木樨属常绿乔木或灌木，分月桂和四季桂；第三种称桂圆，亦即桂元，即龙眼，为无患子科龙眼属常绿乔木，龙眼果肉经晒干后成为桂圆。据说广西首制桂圆，而广西称桂，故有"桂元"之称。

此三种桂，广西皆有出产，但严格地说，作为广西简称的桂，指的是樟科樟属常绿乔木之桂，而非桂花和桂圆之桂。樟科樟属常绿乔木之桂，经常被称为桂皮或肉桂。桂皮和肉桂，指的都是桂树的皮。

桂树之皮用途很广：可作为化学工业的原料，用作制酒及化妆品等的配料；也可作为医药的芳香剂，如芳香精、桂皮酊等；还可作为烹饪之香料，如可制五香粉。

[明]唐寅《嫦娥奔月图》 台北故宫博物院藏

古人早就发现了樟科樟属常绿乔木之桂的药用价值。《岭外代答》指出：

桂之用于药，尚矣，枝能发散，肉能补益，二用不同。桂性酷烈，易以发生，古圣人其知之矣。桂枝者，发达之气也，质薄而味稍轻，故伤寒汤饮，必用桂枝发散，救里最良。肉桂者，温厚之气也，质厚而味沉芳，故补益圆散，多用肉桂。

可见，不仅肉桂（桂树之皮）可用作药，而且桂枝（桂树之枝）也可用作药。此外，桂子，即桂树之果实同样可以用作中药。

进入现代，人们发现可用桂皮和桂枝蒸馏提炼出桂油。桂油曾有世界名产之称，为制造香料不可缺少的原料，在人们日常所用的香水、牙膏、食品、饮料中可以发现桂油，甚至著名的饮料可口可乐也含有桂油。

由此可见，桂树由树根至树梢皆有妙用，是广西最有价值的植物之一，以桂代称广西，是否正是基于桂树具有如此大的价值？

值得注意的是，上文所说的桂海、桂林，皆为广西泛称，而非如今的桂林市。如今的桂林市花为桂花，但桂林产木樨科之桂花而不产樟科之桂树。

广西出产樟科之桂树的地方主要是浔江流域，包括贵港、梧州和玉林等地，清代胡南藩的《紫荆桂说》一文称：

浔治无地不产桂，有紫荆山界桂平、平南二邑间，所产尤良。桂味辛甘，皮颇粗，佳不及交趾青华山桂，视安边诸处较优。近时佥称曰浔桂或曰紫荆桂，曰桂皮者，土名也。

文中说的就是浔江流域的樟科桂树品质优良。当然，胡南藩也实事求是地指出，古代交趾出产的樟科桂树可能比广西的更好。

桂树价值究竟多大?《紫荆桂说》一文说：

自青华之交桂，价昂埒（liè）于辽东之人参，人参虽昂，犹中外流布；而交桂觅者维艰，独此紫荆所产，始仅相辅，继且孤行，生殖稀则伪种滋甚，取用广则价值益腾。紫荆亦止一山耳，真浔桂又乌可多得哉?

胡南藩直接将广西桂树与辽东人参类比，甚至认为广西桂树比辽东人参更有价值，因为广西桂树更为稀缺，正所谓物以稀为贵。

历代歌咏桂树的诗词很多，早在南朝，就有范云的《咏桂树》：

南中有八树，繁华无四时。
不识风霜苦，安知零落期。

首句中的“八树”应出自《山海经》“桂林八树，在贲隅东”，点出桂树是南方的植物，次句明确桂树四季繁茂，后两句是解释首句和次句，桂树生长的岭南之地没有风霜之苦，所以桂树也就不像北方的植物那样到了冬天就叶落飘零。

明代区大相的《望八桂》采用的是离骚体式，全诗如下：

桂树生兮山南，沐玄云兮荫芳潭。
擢修茎兮幽霭，布芳叶兮夕岚。
发华滋兮秋风，翔群羽兮鹓鸿。
既拔萃兮高岭，复灌生兮玄冬。
扬芬兮素节，含贞兮嘉月。
有美人兮伤离，揽岩桂兮为期。
信怀芳兮自保，又久要兮申之。
去不来兮来不采，芳寂寂兮欲谁待。
嘉树茂兮岩间，桂父淹留兮往还。
登楼兮长咏，望八桂兮杳难攀。

这首诗前半部分写桂树生长的环境和自然习性，

后半部分写桂树的象征内涵：芳华与忠诚，深情与守望。整首诗确实有《楚辞》代表的南方诗风：想象华美，情感浓郁。

夏季是桂皮收获的季节，每到这个季节，广西东南大地满山遍野飘荡着桂皮浓郁的芳香。

在一本宣传广西特产的小册子上有一段文字：

（桂树）生长于山岭地带，绝不妨害其他农作物的种植，且剥取桂皮后的根复茁生幼芽，继续生长，经三五年后又可剥皮，如此循环不息，直至百数十年之久，始另行种植。是故桂树实为农村里最有经济价值的特用树木。

如此看来，桂树既适合广西土地，又可持续发展，还能够与其他农作物和平共处，是真正的植物中的君子，值得大力推广。

汉字是象形文字。桂虽为形声字，然而桂字的字形被认为来自象形。南宋范成大《桂海虞衡志》认为："凡木叶心皆一纵理，独桂有两纹，形如圭，制字者意或出此。"桂树叶上有两道纹，形状如"圭"，所以称桂。范成大这个说法确实颇为有趣。

我到月中收得种：桂花

如果说广西之桂指的是桂树，那么，桂林之桂指的则是桂花树。

桂花树在桂林历史悠久，规模庞大。

历史悠久，可以清代魏源的《阳朔舟行》六首其三作为证据，全诗如下：

百里榕成海，千年桂作窝。
地高天逼近，人少石奇多。
可惜梭舟驶，兼之客梦蹉。
不知深雾里，无限好峰过。

“千年桂作窝”，说的正是桂花树在桂林已经有上千年的历史。上千年，不可谓不悠久。

规模之大，可以唐代李频的《赠桂林友人》一诗作为证据，全诗如下：

君家桂林住，日伐桂枝炊。
何事东堂树，年年待一枝。

“日伐桂枝炊”，意为每天生火做饭都要砍伐桂花树枝，显然有无数的桂花树供当时的人们砍伐，规模不可谓不巨大。

这说的是古代。在阅读文献的时候，我发现，民国时桂林城区里的桂花树并不多。1938 年，一位叫陈畸的作者发表了一篇长文《记桂林之行》。这篇文章的一大特点就是注意到桂林城区种植的树。他写道：

所有的马路的旁边，都种着可爱的常绿树；使人在冬天里也可以看到代表青春的活力的绿叶，这不仅是美观，而且也是很有趣味的。

这里的所有马路，大约就是桂东路、桂西路、桂北路、桂南路，也就是如今的解放东路、解放西路、中山北路、中山南路。陈畸写的是“常绿树”，这些道路两旁的树，不一定是桂花树。而在此文另外一处，陈畸明确写到桂南路：

我们离开了桂林车站走进南门来，桂南路就在我们的脚下，长长的一直通到北门去。这一条宽坦的马路，两旁都没有骑楼，但全都种着终年常绿的尤加利树。每距离十多尺就是一株，不断地连接着，葱翠而且整齐，可以说是别具一种格调的。

桂林城区桂花树不多，是否就等于桂林桂花树不多？答案应该是否定的。1943 年沈翔云发表的《桂林山水》一文这样写道：

石块砌成的桂城，就在巍峨的山峰包围中，城郊遍生桂树，深秋之际，灿烂的桂花怒放的时候，清香随风吹遍了全城。

沈翔云专门强调城郊，可见，当时桂林的桂花树主要生长在城郊。所谓城郊，即桂林四周城门之外。桂林城郊多桂花树，1939 年罗洪发表的《夏在良丰》一文可以证明。1938 年，罗洪曾在如今的雁山园居住。在罗洪的笔下，雁山园“有终年飘浮着的四季桂的幽香”。如今雁山园仍然长满了桂花树，但不知是否那个年代所遗留。

沈翔云和罗洪的文章都没有写桂花树的桂花之色，写的都是桂花之香，这一点被近半个世纪之后贾平凹的《在桂林》一文所继承，贾平凹写道：

每一条巷巷道道，凡有土的地方都长有桂树，桂树高大，枝冠呈圆，虽然还不是开花时节，但你能闻到一股幽幽的淡香。据介绍，九十月碧树繁花，香袭全城。你不知道这地方哪来的这么多的香气让桂树释放的呢。

“香袭全城”，贾平凹所说的全城，指的是桂林城里和城郊，即传统意义的桂林城门内外。这一说法，正符合如今中秋时节的桂林。确如贾平凹所说，如今桂林的大街小巷，到处都有桂花树。有人对桂林桂花树的数量做过统计，说是有 20 多万株，但这个数字似乎远远少于实际数量。

［清］恽寿平《桂花》　台北故宫博物院藏

桂花之美之香，是桂花的自然品质，然而，中国人更赋予桂花人文内涵。前面所引李频《赠桂林友人》，每个字都很简单，全诗意思也很简明，但真正的含义，非有注释，无法理解。

首先，桂林友人，实指作者李频的朋友——桂林人曹邺。第一句“君家桂林住”，点明曹邺家在桂林。第二句“日伐桂枝炊”，写出当地以桂枝生火做饭的特色。第三句“何事东堂树”，说的是一个典故。东堂，是晋朝皇宫正殿，为当时皇帝与人才交流的地方，曾经有一段晋武帝与大臣郄诜（Xì Shēn）的对话：“卿自以为何如？”郄诜回答：“臣举贤良对策，为天下第一，犹桂林之一枝，昆山之片玉。”后来因此称科举考试取得好成绩为“东堂桂”或“折桂”。曹邺本人为唐朝进士，正是科举考试的折桂者，所以“何事东堂树，年年待一枝”表面说的是桂林多桂花树，实际说的是桂林多科举考试的优胜者。

作为科举考试的优胜者，曹邺本人也写过桂花诗，题为《迁居桂林寄阳朔友人》：

桂林虽产千株桂，未解当天影日开。

我到月中收得种，为君移向故园栽。

这首诗实际写到桂花树的两种不同含义。一种是自然意义，写桂林桂花树虽然多，但都是自然意义上的桂花树，只知道朝着太阳开花；作者向往的是文化意义上的桂花树，这种桂花树来自月宫，作者希望将这种桂花树移栽到自己的家乡。当然，所谓文化意义上的桂花树，指的是科举考试的优胜，所谓"蟾宫折桂"。

历史上，桂林在科举考场上的优胜者还是比较多的。此外，到桂林任职的官员，大多是科举考试的优胜者。宋朝曾在桂林任职的张釜是进士出身，他的《水月洞》一诗很有意思：

水际空明月正圆，人行月里水如天。
道旁听得人争指，半是当年折桂仙。

一群官员结伴游览桂林著名的景观象鼻山，进了水月洞里，就如同进入了月宫。这群人议论纷纷，他们议论的话题不是眼前的美景，而是科举考试。原来，这些官员中好几人都是与张釜同年考上进士的。由此可见，当年桂林科举考试的氛围是相当浓厚的。

同样的题名，同样是写桂花，清代张维屏的诗歌《水月洞》写的又是另外一种意境：

桂水有桂香，桂月有桂影。

水月两无言，一片清凉境。

桂月照我面，桂水洗我心。

水好有深浅，月好无古今。

入洞扪苍苔，忽睹元丰字。

悠然思古人，七百有余岁。

山形似象鼻，画手谁虎头。

人生不如象，千载俯江流。

这首诗总体上还是比较好理解的。作者把漓江说成桂水，桂香当然就是桂花香，桂月指的是水月洞之水月，桂影则让人联想到传说月宫中的桂花树之影。“入洞扪苍苔，忽睹元丰字。悠然思古人，七百有余岁。”意思是进到了水月洞里面，抚摸岩石上的苍苔，忽然看到七百多年前元丰年间前人的题名。最后四句，作者因为象鼻山的山形像象鼻，联想到是否还有被称为“虎头三绝”的顾恺之这样的画师，描绘象的形象，进而产生“人生不如象，千载俯江流”的感叹。

最后介绍一首康有为的《谢方山观察迎赠诗章次韵奉和》：

碧水青山数驿程，幽幽桂树最多情。

每念名山思再宿，重来摩石认三生。

幽香桂花

万言伏阙知何补，一卷惊人想远行。

喜有宣城诗将在，预陈旗鼓远相迎。

这首诗是1897年康有为第三次到桂林时所写。当时已经发生了“公车上书”，康有为撰写的《新学伪经考》也引起政治文化界的震惊。康有为这次到桂林，获得桂林方面官员谢方山的热情接待。首联写作者数着里程希望早日赶到桂林，桂林满城的桂花树格外多情。颔联写自己曾经在桂林叠彩山住宿讲学，如今重返实有宿缘。颈联写自己因为写《新学伪经考》引起各种议论和极端行为，所以想到桂林来躲避风头。尾联写幸好有好友谢方山在桂林，自己的桂林之行得到了热情的接待。

的确，在中国近现代历史上，在推动中华民族的文明进程上，桂林扮演了进步的角色。

灰白蒌青当献茶：槟榔

最早记录槟榔的古籍文献是东汉杨孚撰写的《异物志》，该书写道：

槟榔，若笋竹生竿，种之精硬，引茎直上，不生枝叶，其状若柱。其颠近上未五六尺间，洪洪肿起，若瘣（huì）木焉。因坼裂，出若黍穗，无花而为实，大如桃李。又生棘针，重累其下，所以卫其实也。剖其上皮，煮其肤，熟而贯之，硬如干枣。以扶留、古贲灰并食，下气及宿食白虫，消谷。饮啖设为口实。

槟榔的树干类似竹子，挺拔向上不生枝叶，在树干接近顶端五六尺的地方，生出大串果实。果实下面长有棘针，起保护果实的作用。槟榔果可以食用，将它与藤叶、牡蛎粉合在一起吃，可以下气、消积、驱虫和增强食欲。这段文字表明，早在汉代，人们已经开始食用槟榔，并且知道槟榔具有一定的医药功效。

南宋周去非的《岭外代答》中关于槟榔的记载也很有意思：

槟榔生海南黎峒，亦产交趾。木如棕榈。结子叶间如柳条，颗颗丛缀其上。春取之为软槟榔，极可口；夏秋采而干之，为米槟榔；渍之以盐，为盐槟榔；小而尖者为鸡心槟榔；大而扁者为大腹子，悉下气药也。海商贩之，琼管收其征，岁计居什之五。广州税务，收槟榔税，岁数万缗（mín）。推是，则诸处所收，与人之所取，不可胜计矣。

这段文字主要谈到槟榔的采制时间及品种：春天采制的是软槟榔，夏秋采制的是米槟榔，用盐制作的是盐槟榔；根据形状，又可分为鸡心槟榔、大腹子槟榔，等等。值得注意的是，这段文字写到当时的槟榔税收数量极大，可以想见，当时广东、海南等地人们食用槟榔相当普遍。

古人认为槟榔有诸多妙用。宋代罗大经在《鹤林玉露》一书中以亲身经历谈到槟榔何以如此受欢迎：

岭南人以槟榔代茶，且谓可以御瘴。余始至不能食，久之，亦能稍稍。居岁余，则不可一日无此君矣。

故尝谓槟榔之功有四：一曰醒能使之醉。盖每食之，则熏然颊赤，若饮酒然。东坡所谓“红潮登颊醉槟榔”者是也。二曰醉能使之醒。盖酒后嚼之，则宽气下疾，余酲（chéng）顿解。三曰饥能使之饱。盖饥而食之，则充然气盛，若有饱意。四曰饱能使之饥。盖食后食之，则饮食消化，不至停积。尝举似于西堂先生范旂叟曰：“子可谓‘槟榔举主’矣。然子知其功，未知其德，槟榔赋性疏通而不泄气，禀味严正而有余甘，有是德，故有是功也。”

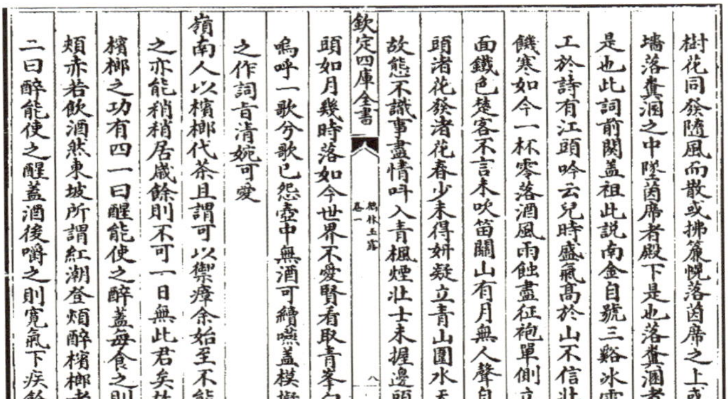
樹花同發隨風而散或拂簾幌落茵席之上或關籬
墻落糞溷之中墜茵席者殿下是也落糞溷者下官
是也此詞前闋蓋祖此說南金自號三谿冰雪翁尤
工於詩有江頭吟云兒時盛氣高於山不信壯士有
饑寒如今一杯零落酒風雨蝕盡征袍單側立崑奴
面鐵色楚客不言未吹笛關山有月無人聲自是江
頭渚花發渚花春少未得妍凝立青山圍水天杜鵑
故態不識事盡情呌入青楓煙壯士未握邊頭槊旄
欽定四庫全書　鶴林玉露　卷一　八
頭如月幾時落如今世界不愛賢看取青峯白雲角
嗚呼一歌兮歌已悲壺中無酒可續嘯蓋模擬少陵
之作詞旨清婉可愛
嶺南人以檳榔代茶且謂可以禦瘴余始至不能食久
之亦能稍稍居歲餘則不可一日無此君矣故嘗謂
檳榔之功有四一曰醒能使之醉蓋每食之則熏然
頰赤若飲酒然東坡所謂紅潮登頰醉檳榔者是也
二曰醉能使之醒蓋酒後嚼之則寬氣下疾餘酲頓

［宋］罗大经《鹤林玉露》书影

这番话大意如下：

岭南人以槟榔代替茶，认为槟榔可以抵御瘴气。“我”最初不吃槟榔，时间长了，能够稍微吃一点。

在岭南住了一年多后，每天都必须吃槟榔。有人曾经总结出槟榔的四大功效：一是能够使清醒的人生出醉意。意思是常人每次吃槟榔，就会脸红，一副醉醺醺的样子，好像喝了酒。苏东坡说的“红潮登颊醉槟榔”就是这种情况。二是能够使醉的人清醒。意思是喝酒醉了的人，吃槟榔可以安神祛痰，很快解酒。三是能够使饥饿的人感觉饱。意思是饥饿的人吃槟榔，可以有饱意，解除饥饿的感觉。四是能够让吃饱的人有饥饿的感觉。意思是餐后吃槟榔，能够帮助消化，食物不会滞积在胃里。西堂先生范旗叟说：“你可以说是槟榔爱好者。但你只知槟榔的功效，不知槟榔的品德，槟榔本性疏通而不泄气，品味严正而有余甘，有这样的品德，才有这样的功效。”

另一位叫谢肇淛（zhè）的明代博物学家在《五杂俎》一书中总结出槟榔有四德，说的是与罗大经同样的意思，他还征引《本草纲目》，认为：

按《本草》谓其能杀三虫，下胸中至高之气。夫余之百炼钢化作绕指柔，亦已久矣，纵微服此，胸中宁复有至高之气乎？《本草》原始曰：“宾与郎，皆贵客之称。交广人凡宾客胜会，必先呈此，故以槟榔名也。”

其中谈到槟榔实为“宾郎”，即贵客之意，岭南人凡接待宾客，必须向对方奉上槟榔，以示将对方当作贵宾。请食槟榔因此成为待客之礼。

古人不仅看到槟榔的好处，也看到槟榔的坏处。

《粤西丛载》转录了《格古要论》中的一段文字：

槟榔出广西郁林州，树如棕榈，高七八丈，萚（tuò）叶可为扇，不引风气。其实尖者为贵，与石灰同食，令人齿黑，故有雕题黑齿之俗。实能辟瘴气，故土人日日早食，客至传以相待。

这段文字说到经常食用槟榔，牙齿会变黑，所以人们认为岭南有“雕题黑齿”这样的风俗。

事实上，现代科学发现槟榔有致癌成分，经常食用槟榔不仅会使牙齿变黑，而且容易上瘾，所以，通常建议人们不吃槟榔。

明代曹学佺曾写《桂林风谣》十首，其中第六首写的就是广西食用槟榔的风俗，全诗如下：

不住槟榔嚼，相传好辟岚。
喉干如转磨，叶响似喂蚕。
弃地皆脂泽，逢人若醉酣。
生年无半百，黄面老瞿昙。

首联写广西人不停地嚼食槟榔，传说槟榔可以驱瘴防病；颔联写嚼食槟榔如同转石磨，发出的声音仿佛在喂蚕；颈联写满地都是吃剩的槟榔残渣，食用者个个都是醉醺醺的样子；尾联写喜食槟榔的人还不到50岁就面黄肌瘦，衰老不堪。显然，曹学佺写的主要是食槟榔风俗的负面影响。

与曹学佺同朝代的董传策，他的《访客啜槟榔》一诗写的也是广西南部食用槟榔的风俗：

急脚蛮奴髻半斜，客来提榼（kē）手双叉。
槟榔擎出斑斓片，灰白蒌青当献茶。

这里写的是广西少数民族妇女接待客人的情景，在诗人眼里，这些妇女因为未曾缠足，所以走路迅速，头顶上的发髻半斜着，显得很随意的样子；客人到来的时候，女主人提着盛放槟榔的木盘；当槟榔片被拿出来的时候，色彩斑斓，拌着青蒌叶和石灰粉，像献茶一样敬奉给客人。

董传策更倾向以欣赏的目光看待广西的民族风俗，在他的眼里，奉客以槟榔是广西少数民族的待客之道。或许董传策写此诗的意图主要不是写广西食用槟榔的风俗，而是写广西的少数民族妇女，这首诗中的女主人形象，既自在随意又不失优雅。

明代黄福的《过梧州》也写到槟榔，但表达的又是另外一番意思：

不到苍梧二十年，今朝再过倍凄然。
江边山色浑如昔，城外人家不似前。
橄榄鲜尝香溅齿，槟榔干嚼涩流涎。
南交事盬（gǔ）归来日，蛇酒多沽不校钱。

黄福是山东人，20年前曾经到过苍梧，如今，20年后再过苍梧，他的心情是加倍凄凉。

为什么呢？20年过去，黄福年纪更长了，年老力衰，远离家乡，自然有凄凉之感。在他的眼里，尽管江边的山色与20年前完全一样，但城外的人家却截然不同了。物是人非，还是吃些当地的食物以调适心情吧。品尝鲜橄榄满嘴留香，汁液溅到牙齿上，槟榔干涩，嚼食时涎水直流。办完了南方的公事，身心总算是可以放松放松，这时候，买些当地的蛇酒来喝，也不计较花费多少了。

诗人这是借酒浇愁，用槟榔麻醉自己的神经。

桄榔

清代赵翼在其《檐曝杂记》一书中提到过一种“面木”树，他说最初他不知这是什么树，后来才知道面木即桄榔，他是这样记述的：

《洛阳伽蓝记》有所谓“酒树”“面木”，初不解所谓，余至广西，乃知“面木”即桄榔树也。大者五六围，长数丈，直上无枝，至颠则生叶数十，似栟（bīng）榈。其树中空，满腹皆粉，可得十数斛。沸汤淬之，味似藕粉。粤人尝以此馈遗。

当时的赵翼肯定没有读过唐代刘恂的《岭表录异》，如果读过，他就不会把桄榔当作新奇怪异的“面木”来记录了。因为刘恂早就告诉过人们，桄榔树皮中有“面粉”，可以食用，他如此写道：

桄榔树，枝叶并蕃茂，与枣、槟榔等小异。然叶下有须，如粗马尾。广人采之，以织巾子。其须尤宜咸水浸渍，即粗胀而韧。故人以此缚舶，不用钉线。木性如竹，紫黑色，有文理而坚。工人解之，以制博弈局。此树皮中有屑如面，可为饼食之。

桄榔树，枝叶都很繁茂，与枣、槟榔等小有差异，它的叶下有须，像粗马尾，岭南人采集它用来编织围巾。桄榔须宜用咸水浸泡，浸泡之后就变得粗胀且柔韧，因此人们用它来束缚船舶，而不用钉线。桄榔的木性像竹，有纹理且坚硬，工人用它来做棋盘。桄榔树皮中有像面一样的粉末，可做成饼食用。

树里生面粉，对中原人士而言，肯定是极其新奇怪异的现象。因此，刘恂早早就记录了桄榔树的这一特点。

广西省贸易代表团汉口办事处20世纪50年代编印的《广西省特产》中专门介绍了桄榔粉的做法：

选择树身壮健的桄榔树，砍伐后，将树干的外皮削去，留其髓，用刀切成碎粒，以石磨磨之成粉末，放入薄布内，置于缸中，以水搅拌，使淀粉与水混合，隔去渣滓。俟沉淀后，倒去污水，再放净水漂一日。

复俟沉淀后将水倒去，取出淀粉，以日光晒干之，即得纯净略带微黄色、粒状的细滑桄榔粉。

这是60多年前的桄榔粉做法，如今的制作工艺肯定大为改善，但其原理应与这种手工制作方法相差无几。

该册子也谈到桄榔粉的用途和食用方法：

其用途可做药，为医治痢疾的有效剂，也为暑天清肺解暑、止渴生津的妙品，每届夏令，人多喜食。其食法，系将粉加以少许冷开水和以适量之白糖或黄糖。如系患痢疾可用蜜糖搅拌，使成溶液，再以开水冲之，并以匙羹调匀免结成团，俟半冷后食之清甜可口，食后有再来一碗以满足食欲的要求。

1986年编印的《广西农副土特产品名录》同样介绍了桄榔粉，值得注意的是，这本小书提到当时的广西四大名粉，分别是“桂林马蹄粉、平乐百合粉、贵县藕粉、龙州桄榔粉”。

赵翼不知道“树里生面粉”这种奇特现象，也不能算他孤陋寡闻，因为，除了《岭表录异》，清代以前的岭南文献似乎都没有“树里生面粉”的记录。南宋周去非的《岭外代答》围绕桄榔写了一大段文字：

桄榔，木似棕榈，有节如大竹，青绿耸直，高十余丈。有叶无枝，荫绿茂盛，佛庙神祠，亭亭列立如宝林然。结子叶间，数十穗下垂，长可丈余。翠绿点缀，有如缨络，极堪观玩。其根皆细须，坚实如铁，镟以为器，悉成孔雀尾斑，世以为珍。木身外坚内腐，南人剖去其腐，以为盛溜，力省而功倍。溪峒取其坚以为弩箭，沾血一滴，则百裂于皮里，不可撤矣。不惟其木见血而然，虽木液一滴，着人肌肤，即遍身如针刺，是殆木性攻行于气血也欤？凡木似棕榈者有五：桄榔、槟榔、椰子、夔（kuí）头、桃竹是也。槟榔之实，可施药物；夔之叶，可以盖屋；桃竹可以为杖；椰子可以为果蓏（luǒ）；若桄榔，则为器用而可以永久矣。

这段文字写桄榔树的外形、景观，写桄榔树的叶、根、须、干，还提到与桄榔树相似的槟榔、椰子等。写桄榔之用时，只介绍可以制作成永久性的器物，却没有写到桄榔树里隐藏有“面粉”，可以食用。

翻阅《粤西诗载》，在古代，诗人写得比较多的广西风物中，有荔枝和桄榔。为什么这两种风物倍受诗人关注？推想其中原因，荔枝或是因为其确实堪称美味，属天赐佳品；桄榔则是因为其树形奇特、食用

［明］文俶《金石昆虫草木状》中的桄榔子

部位特殊，鲜见于中原和江南地区。

做过唐朝宰相的张九龄是今广东韶关人，不知他是否知道桄榔树中有可以食用的“面粉”，他在《送广州周判官》一诗中如此写道：

海郡雄蛮落，津亭壮越台。
城隅百雉映，水曲万家开。
里树桄榔出，时禽翡翠来。
观风犹未尽，早晚使车回。

在诗中，张九龄将桄榔树视作普通人家附近的树，表现出桄榔树的普通和普遍，因为他本身就是岭南人，对桄榔树肯定司空见惯。

但对那些从未到过南方的中原人士而言，桄榔树就不那么平平无奇了。唐代的李德裕在《谪岭南道中作》首句写道："岭水争分路转迷，桄榔椰叶暗蛮溪。"他刚刚被贬了官，前路迷茫，心情彷徨，到达岭南，看到"桄榔椰叶"这样陌生的景物，他的心情从彷徨转向了暗淡。紧接着，"愁冲毒雾逢蛇草，畏落沙虫避燕泥"，恐怖、畏惧的心理如潮涌来。

宋代的李纲也曾被贬到岭南，他的心情比李德裕好不了多少，他写有《桂林道中》二首，其中一首写道：

时危远谪堕南蛮，犹在乾坤覆载间。
瘴雨岚烟殊气候，玉簪罗带巧溪山。
桄榔叶暗伤心碧，踯躅花开满目斑。
惟有月华依旧好，清辉应与照云鬟。

同样的处境，同样的心情。诗人仍以桄榔寄托彷徨与伤感，但随着人们对岭南认知的拓展，相比李德裕，李纲对岭南的恐怖畏惧之心相对减弱。

到了明代，随着广西开发程度日益提高，桄榔树中生“面粉”的现象也逐渐广为人知，桄榔树在诗歌中的形象开始从暗淡变得明朗。明朝董传策的《桄榔行》就反映出桄榔树在诗歌中形象的变化：

吾闻南中之产殊不俗，乍来此处看桄榔。
孤根崛起大于抱，挺然中立摩天光。
瘦如削壁不枝蔓，劲如精铁突踉跄。
皎如玉树摇银海，青如琅玕（gān）千尺强。
盘节萧疏散角叶，清风吹作虬龙翔。
厥包综密木惟乔，厥实累累森相望。
掀髯夹茎攀其实，珊瑚错落泻石梁。
餐之坐令瘴烟消，仙人赤脚神飞扬。
厥综缚之韧不裂，巨川行迈济舟航。
厥木采之刮弩干，舍矢如破成穿杨。
仰披广厦承雨露，作箸借之堪筹王。
约之棱尺灿镇纸，卓然不倚称端方。
柄之戈矛激流电，斫之拄杖藉扶匡。

矫矫苍藤鞭巨石，飞星走兔纷裂裳。
异哉骨鲠振风概，斗尔难攀直以刚。
高标炎海秋复春，梓人材之罕不臧。
况乃澹然无染破脂韦，黄中通理有文章。
其华不露其中虚，独行虽峻无他肠。
复有苍茫微妙不饥药，黄精之饭胜膏粱。
曝日蒸之甘且馥，令人颜色美好寿而康。
吁嗟此物何为者？风流曾恼苏大郎。折简曳杖谁禁当？
我来坐啸桄榔秀，翛（xiāo）然击节抽扶桑。
手摩苍壁睨天柱，放歌无乃瘦而狂！
翻令柔曼失倾意，嗟尔桄榔生慨慷！嗟尔桄榔生慨慷！

这首诗已经写到桄榔树里有可食用面粉的现象。该诗不仅让人们体会到桄榔粉的滋味，还点出了桄榔树的诸多妙用及美好形态，帮助人们感受桄榔树的韵味。

广西各地皆有榕树。唐代所建的桂州城，南门上生有榕树一棵，遂有榕树门之名。榕树门至今犹存，桂林人多称之为古南门，其西南侧，仍然有古榕一株，据说有千年树龄。古南门南面的湖，称榕湖，大约就是因为该古榕而得名。

明代邝露的《赤雅》专门记录了桂林的榕树门：

榕树门，古桂州南门。唐时所筑，上有榕树一株，两根苞缠轨矿，跨门而生。车马辚辚，皆从树根而出。至正间忽枯。平康唐元公祭之复生。

“车马辚辚，皆从树根而出”的景象令人难以置信。然而，在离桂林不算远的平乐，其榕树景观完全能够重现邝露描写的这种景象。

桂林有榕树之城门，平乐有榕树之街圩。平乐张家镇榕津村的榕津街圩有千年历史，古榕成群，街口的两棵榕树枝叶繁茂，遮天蔽日，树根与树干自然延伸成一道拱门，高度可过一辆中巴车，令人叹为奇观，被称为“华夏第一榕”。

清代赵翼曾在广西为官，其《檐曝杂记》专门有“榕巢”一则，记录了一棵亦可称为奇观的榕树：

查俭堂礼为粤西太平守，署园有大榕树一株，其干旁出者四。俭堂谓可架屋其上也，乃斫木为书室，名曰“榕巢”，并以自号焉。明窗净几，掩映绿阴中，退食后辄梯而上，品书画，阅文史，颇为退闲胜地。

文中的查礼，是清代著名文学家、书画家和收藏家。查礼曾在如今的崇左当时的粤西太平府为官。他利用一株大榕树架构了一间书房，并将书房命名为“榕巢”，后来又把“榕巢”作为自己的号。查礼藏书颇丰，那棵被他利用作为书房的榕树，也堪称天下一绝。

晋朝嵇含的《南方草木状》专门介绍过榕树：

……树干拳曲，是不可以为器也；其本棱理而深，是不可以为材也；烧之无焰，是不可以为薪也。以其不材，故能久而无伤；其荫十亩，故人以为息焉。

这段文字颇有意思，它说榕树的树干弯曲，不能用来制造器具；榕树的树根沟纹很深，不能用来作为木料；榕树不易生火，不能用来充当薪柴。正是因为榕树不能作为木材，所以它能够长久不受伤害；它可以荫蔽十亩的范围，人们将它作为休息的场所。嵇含对榕树的描述很像庄子对“无用之材”的阐述：

惠子谓庄子曰：“吾有大树，人谓之樗（chū）。其大本拥肿而不中绳墨，其小枝卷曲而不中规矩。立之涂，匠者不顾。今子之言，大而无用，众所同去也。”庄子曰：“子独不见狸狌乎？卑身而伏，以候敖者；东西跳梁，不避高下；中于机辟，死于罔罟。今夫斄牛，其大若垂天之云；此能为大矣，而不能执鼠。今子有大树，患其无用，何不树之于无何有之乡、广莫之野，彷徨乎无为其侧，逍遥乎寝卧其下？不夭斤斧，物无害者，无所可用，安所困苦哉！”

的确，榕树正如庄子故事中所说的无用之树，正因为无用，而逃脱了刀斧的砍伐，得以在无何有之乡，成就其硕大和长久。

下面推介几首写广西各地榕树的诗歌。

第一首为南宋刘克庄写桂林榕树的《榕溪阁》：

榕声竹影一溪风，迁客曾来系短篷。

我与竹君俱晚出，两榕犹及识涪翁。

榕溪阁的榕溪即前文提到的桂林榕湖。从刘克庄的诗，我们得知当年的榕湖不仅有榕树，而且有翠竹。刘克庄之前，黄庭坚南迁路过桂林曾系舟榕下。后来人们建榕溪阁以纪念黄庭坚。因此，刘克庄在榕溪阁触景生情，表示自己和榕湖边上的翠竹都出生太晚，无缘得见黄庭坚，而榕湖边上的榕树因为树龄长久，幸而得以见证黄庭坚当年系舟榕下的情景。全诗充满了刘克庄对黄庭坚品格才华的仰慕。

第二首为唐代柳宗元写柳州榕树的《柳州二月榕叶落尽偶题》：

宦情羁思共凄凄，春半如秋意转迷。

山城过雨百花尽，榕叶满庭莺乱啼。

柳宗元因参与革新运动而仕途受挫，被贬到远离京城的柳州，心情难免凄惶。南方已是早春，可柳宗元仍处于人生的秋天，前景迷茫。一场春雨过后百花落尽，榕叶满庭，莺鸟的啼鸣令人心绪烦乱。实际上，南方春季叶落是新陈代谢的正常现象，但柳宗元自北地而来，此情此景，结合自身境遇，顿生愁苦哀怨。

第三首为明代汤显祖写的《送袁生谒南宁郡》：

白发孤游铜柱西，瘴来江影似虹霓。

千山落月无人语，榕树萧萧倒挂啼。

《牡丹亭》的作者汤显祖虽未曾在广西为官，但他曾经在北海涠洲岛留下行踪。北海也是遍生榕树的地方，汤显祖在北海肯定领略过浓荫蔽日的榕树。因此榕树在这首《送袁生谒南宁郡》中成为重要意象。这首七绝中的袁生，也是大名鼎鼎的人物，即“公安派”最有成就的文学家袁宏道。袁宏道将到南宁赴任，汤显祖写诗为他送行。诗中的铜柱西，指的正是广西。铜柱为汉代马援所设，是疆界的标志物。也就是说，袁宏道赴任的目的地，已经是祖国的边疆。在古代，瘴气历来是中原人士谈之色变的东西，但在汤显祖笔下，却成为霓虹般的江河美景。这里既有汤显祖为袁宏道送行的鼓励意图，也表明随着时代的发展，瘴气已经不像更早的时代那样令人恐惧。然而，当时的广西终究是荒僻的，因此袁宏道上任广西仍然是白发孤游，观千山落月的壮美景象却无人可语。这种情景固然令人感伤，但这时榕树出现了，榕树在汤显祖心目中应是八桂大地生机勃勃的景观。“榕树萧萧倒挂啼”

中的“倒挂”是南方特有的一种鸟，即幺凤鸟，也称倒挂子。《百粤风土记》有记载称：“南宁山中，有倒挂鸟。”苏东坡在其《十一月二十六日松风亭下梅花盛开》诗之二注释中说“岭南珍禽有倒挂子，绿毛红喙，似鹦鹉而小，自海东来”。“榕树萧萧倒挂啼”以“倒挂啼”回应了上句的“无人语”，这是汤显祖赋予袁宏道广西之行的亮色。在这里，榕树所代表的广西自然景观具有积极向上、振奋人心的意义。

周去非在《岭外代答》中称榕树为“易生之木，又易高大”，这个评语表明榕树不仅生长迅速，而且生命力顽强；又称榕树“根出半身，附干而下以入土，故有榕木倒生根之语”，说的正是榕树倒挂的现象。因此，被称为倒挂子的幺凤鸟，正好与榕树相伴，构成一幅和谐的自然景象。

广西大地的村头街旁，随处可见高大繁茂的榕树。榕树给盛夏的八桂带来荫凉，为寒冬的八桂带来绿意，它根须发达，树龄高久，喻示着生机、繁荣、长寿和吉祥。

南湖榕树林

藤

在广西，很容易看见藤。山中岩壁、野外林间、城里墙上，经常可以看到藤状植物，或攀缘他物，或悬挂空中。藤，通常不很粗壮，但苍劲有力。就像广西人，不算高壮，但充满力量。

但也有壮大的藤。

广西有一个大藤峡，两岸崇山峻岭，滩多流急。传说大藤峡口的大藤，壮大如斗，长数十米，连接了峡的两端，当地民众攀缘此藤可以渡江。

清代谷应泰著《明史纪事本末》中有此描述：

夹江诸山，皆谽谺（hānxiā）巀（jié）业。其最险恶地为大藤峡，盖有孤藤渡峡涧如徒杠也。南截浔水为府江，自藤峡至府江约三百余里地，惟藤峡最高，登藤峡巅，数百里皆历历目。

明代广西瑶、壮族农民起义曾以大藤峡为中心，持续200多年。将领韩雍将峡口大藤斩断后，此地亦称“断藤峡”。可见于冯定《次凯歌韵》十首中的第三首：

山势崔嵬几百层，藤藏妖怪树遮藤。

一朝藤断民安业，疠气全消瑞气腾。

藤在广西不仅让人想到战争，也让人想到爱情。电影《刘三姐》中的山歌《藤缠树》不知被多少人传唱：

山中只见藤缠树，世上哪见树缠藤；

青藤若是不缠树，枉过一春又一春。

竹子当收你不收，笋子当留你不留；

绣球当捡你不捡，空留两手捡忧愁。

连就连，我俩结交定百年，

哪个九十七岁死，奈何桥上等三年。

这首山歌的核心意象就是藤。

我们解读《藤缠树》这首山歌时，通常理解到以藤缠树的外形形容男女之情的缠绵。当我们加深对藤的认识就会发现，广西民众用藤形容爱情，不仅注重藤与树缠绕的外在，更钦佩藤持久有力的内涵。

早在晋朝，嵇含撰《南方草木状》就发现了这一点，他写了两种藤：

紫藤，叶细长，茎如竹根，极坚实，重重有皮，花白子黑，置酒中历二三十年亦不腐败，其茎截置烟炱（tái）中，经时成紫香，可以降神。

榼藤，依树蔓生，如通草藤也。其子紫黑色，一名象豆，三年方熟，其壳贮药，历年不坏，生南海，解诸药毒。

［明］文俶《金石昆虫草木状》中的紫藤

紫藤置于酒中，二三十年也不腐败；榼藤的壳用来存放药品，多年不坏。嵇含写紫藤和榼藤，都注意到其历久不坏的特点。

明代张穆《异闻录》写到一种藤鼓：

两广总制韩雍……截藤为鼓者三，总制及总兵留一，其一在梧州镇府。府已空废，弃之庑（wǔ）下，风雨不坏，剥之犹辛气逼人。

这段文字写韩雍将大藤峡的大藤斩断之后，做成三只鼓，其中一只留在梧州镇府，多年之后，镇府已经荒废，但鼓仍然完好存在，剥开它，还能闻到古藤浓郁的辛辣气息。这写的仍然是藤历久不坏、不废的持久力。

爱情不仅需要强烈的爆发力，也需要恒定的持久力。因此广西情歌《藤缠树》，将核心意象的位置留给藤，自有其深谋远虑。

藤还可以制成各种器物。周去非的《岭外代答》有这样一段记录：

藤，梧州产，大者可为胡床，小者圈为盘盂，又其小而细长者，织以为笼箧（qiè）、卧簟（diàn），耐久而文理可观。其叶则以为渔父之蓑，一领可终身用矣。藤州州治之外，尝有古藤甚大，故以名州。

事实上，藤不仅可以制成床、盆、盒、箱，还可以制成蓑衣，值得注意的是，这段文字特别强调了藤制品经久耐用的特点，即所谓“一领可终身用矣”。

藤也可以制成藤舟。

《岭外代答》有这样一段文字：

深广沿海州军，难得铁钉桐油，造船皆空板穿藤约束而成。于藤缝中，以海上所生茜草，干而窒之，遇水则涨，舟为之不漏矣。其舟甚大，越大海商贩皆用之。

海上危机四伏，备一条好船十分关键。当地人选择用藤、空板和茜草制作海船，却能保障安全，可见藤可用于制作器物的广泛，更可见藤不仅结实，而且坚韧。

在广西尚未得到充分开发的时候，藤这种植物有时会用来形容广西的人烟稀少与落后，明代曾任广西按察司事的蓝智所写《宿阳朔山寺》一诗这样写道：

晚景孤村僻，松门试一登。
秋山黄叶雨，古寺白头僧。
坏壁穿新竹，空床覆旧藤。

宦情与禅意，寂寞共寒灯。

新长出来的竹子穿透了古寺的墙壁，空床被苍劲的野藤覆盖着。门庭冷落人去房空，这种景象的确令人唏嘘。

当然，更多的时候，藤作为一种自然景物，得到文人的欣赏。宋代著名词人秦观曾写过《好事近·梦中作》一词：

春路雨添花，花动一山春色。行到小溪深处，有黄鹂千百。　　飞云当面化龙蛇，夭矫转空碧。醉卧古藤阴下，了不知南北。

这首词词题为“梦中作”，学者毛水清曾认为这首词是秦观“放归途中在藤州所作。醉中有欢喜，是真醉。整首词，除了最后两句是正面交代外，都是写梦中所见”。学者喻志丹考究后则提出，《好事近》一词写于绍圣元年至绍圣三年（1094—1096），地点是处州（今浙江丽水）贬所，而不是藤州（今广西藤县），表现的是秦观在政治上受打击的苦闷和彷徨。

秦观是“苏门四学士”之一，累遭贬谪，公元1100年，秦观得以复职北还，途中在藤州去世。“古藤阴下”之梦与“客死藤州”之结局，欢喜或苦闷似乎显得没那么重要了。

宋代曾在广西多地任职的陶弼，曾写过《沦漪阁》一诗：

谈笑沦漪阁，藤花竹叶间。

易醒江上酒，难画雨中山。

当时陶弼生活在桂林，仕途相对顺利，因此，当他与友人登上位于桂林南面的沦漪阁，谈笑风生，饮酒赋诗之际，将广西常见的藤花作为供欣赏的美景写入诗中。这样雨中的山色，自有一番朦胧美。

竹

广西多竹。

游览过漓江的人应该知道，漓江沿岸一个很重要的景观就是凤尾竹。凤尾竹浑身青绿，尾梢略弯，与清澈的漓江构成极其优美和谐的画面。

深入到漓江的源头猫儿山，可以看到更壮观的竹景。如果说漓江沿岸的凤尾竹是竹的屏风，那么，漓江源头的毛竹则是竹的海洋。毛竹高大挺拔，与凤尾竹的审美价值相比，毛竹更具实用价值。

翻阅广西古代文献，令人出乎意料的是，被书写最多的广西物产，似乎是竹。

南宋范成大在《桂海虞衡志》的《志草木》一节中，共记载了9种竹，分别是：簜（dàng）竹、涩竹、人面竹、钓丝竹、斑竹、猫头竹、桃枝竹、竻（lè）竹、箭竹。

范成大之后不久，地理学家周去非受范成大的启发，写了一本介绍岭南地理的书《岭外代答》，在《花木门》这一章中，专门有写竹的一节，第一句话就是“岭南竹品多矣，杰异者数种”，说岭南的竹不仅种类非常多，还有几种是特别稀有的。接着，他对范成大所说 9 种竹中的 7 种做了进一步的介绍。

其实，广西竹的种类远不止范成大介绍的 9 种，《粤西丛载》还收录了沙麻竹、雪竹、慈浮竹、棘竹、青黄竹、笙竹、油梧竹、筋竹、凤尾竹等。此外，桂林雁山还有一种方竹。

以上所列 19 种竹，人面竹最奇特，斑竹最多情。周去非对人面竹的描述是：“节密而凸，横斜相间。每凸处突出长圆，宛如人面。近根之处几百节，密密相聚。人亦采为拄杖。”大意是这种竹像人脸，可以用来做拄杖。斑竹，又名湘妃竹，传说是因为舜帝的两个妃子得知舜帝去世，伤心挥泪落在竹上形成斑点，可见于西晋文学家张华在《博物志》中的描述：

尧之二女，舜之二妃，曰湘夫人。舜崩，二妃啼，以涕挥竹，竹尽斑。

实际上，广西不仅多竹，而且竹的使用也极其广泛。清代汪森编撰的《粤西丛载》收录了《梧浔杂佩》一则文字，是这么写的：

> 岭南人当有愧于竹，食者竹笋，庇者竹瓦，载者竹筏，爨（cuàn）者竹薪，衣者竹皮，书者竹纸，履者竹鞋，真可谓一日不可无此君也耶。

这则文字生动形象地展示了岭南人如何千方百计地用竹，他们吃的是竹笋，住房盖的是竹瓦，渡河乘坐的是竹筏，生火做饭用的是竹子，身上穿的是竹皮，用来书写的是竹纸，脚上踏的是竹鞋，可以说是一日不可无竹。

其实，《梧浔杂佩》这则文字并没有将竹的用途说尽。如今，我们仍然可以看到竹被广泛地用于日常生活之中。竹可以制作家具，如竹椅、竹桌、竹床、竹箱、竹席、竹地板；可以制作厨具，如竹碗、竹碟、竹盘、竹杯、竹筷、竹菜板；可以制作农具，如竹箕、竹筐、竹扁担；可以制作日杂用具，如竹帘、竹笠、竹杖、竹篓、竹盒、竹筛、竹扫帚；可以制作工艺品，如竹玩具、竹画；可以制作乐器，如竹笛、芦笙；可以制作兵器，如竹箭、竹弓、竹矛、竹枪；等等。

南宋名臣李纲曾在广西做官，当他从中原进入岭南的时候，首先看到的是竹屋，因此作诗《象州道中》二首，其中一首说道：

竹屋茅檐三四家，土风渐觉异中华。
碧榕枝弱还生柱，红荔春深已著花。
社燕不巢南候别，塞鸿无信北音赊。
海山此去犹千里，会见安期枣似瓜。

虽然广西的榕树、荔枝都很奇特，南来北往的燕子预示着气候的变化，这些奇物异俗固然给李纲很深的印象，但最直观、最醒目的形象仍然是“竹屋茅檐”，它们的出现使李纲意识到他已经远离中原，到了岭南。

中国古代常用杨柳寄托送别之情，所谓折柳寄情，但元代诗人傅若金以竹寄情，作诗《兴安县》：

乱峰如剑不知名，篁竹萧萧送驿程。
转粟未休漓水役，负戈犹发夜郎兵。
百蛮日落朱旗暗，九岭风来画角清。
空使腐儒多感慨，西南群盗几时平？

从这首诗的描写可以看出，当时的广西尚处于战乱动荡中，漓江上官府的粮船往来不停，官府的军队整装待发，日暮之际战旗色彩变暗，彩绘号角仍然铿

［五代南唐］李坡《风竹图》　台北故宫博物院藏

锵有声。这样的氛围使得诗人的心情起伏，因此生发出“乱峰如剑”“篁竹萧萧”之感。

抗战时期，漫画家丰子恺全家十多人逃难到桂林，租了三间平房，家徒四壁，没有一件家具。丰子恺本想租借家具，但桂林无此业务，只好购买竹器。让丰子恺没有想到的是，桂林的竹器物美价廉。他到竹器店定制了竹床、竹桌、竹椅、竹书架等多种竹器，却只花了在上海购买一件普通沙发的钱。用丰子恺的话说，“（上海）一人用的坐具就耗了（广西）十二人用的全套家具（的费用）”。三天之后，丰子恺定制的竹制家具全部搬进了租住的三间平房，丰子恺因此感叹他们全家进入了“竹器时代”。

江边竹林

如今，我们只要深入广西，较为常见的景观就是漫山遍野的毛竹林和江河两岸的凤尾竹。毛竹仿佛广西的男子，正直挺拔；凤尾竹仿佛广西的女子，婀娜多姿。它们共同装扮了八桂大地，让这片土地展现出刚健清新的美丽。

果香诱人

桃之夭夭，有蕡其实

古代中国有关芭蕉的记载，最早见于汉代杨孚的《异物志》：

芭蕉，叶大如筵席，其茎如芋，取镬（huò）煮之为丝，可纺绩，女工以为絺绤（chīxì），今交趾葛也。……剥其皮，食其肉，如蜜甚美。食之，四五枚可饱，而余滋味犹在齿牙间。一名甘蕉。

芭蕉叶大得像坐垫一般，它的根茎像芋头，把芭蕉茎放锅里蒸煮成丝，可用于纺织，妇女将其织成布，就是如今岭南的葛布。

晋朝嵇含的《南方草木状》把芭蕉称为甘蕉：

甘蕉，望之如树，株大者一围余。叶长一丈，或七八尺，广尺余二尺许。花大如酒杯，形色如芙蓉，著茎末百余子大，名为房，相连累，甜美，亦可蜜藏。根如芋魁，大者如车毂。……剥其子上皮，色黄白，味似葡萄，甜而脆，亦疗饥。此有三种：子大如拇指，长而锐，有类羊角，名羊角蕉，味最甘好；一种子大如鸡卵，有类牛乳，名牛乳蕉，微减羊角；一种大如藕，子长六七寸，形正方，少甘，最下也。其茎解散如丝，以灰练之，可纺绩为絺绤，谓之蕉葛。虽脆而好，黄白不如葛赤色也。交广俱有之。《三辅黄图》曰："汉武帝元鼎六年，破南越，建扶荔宫，以植所得奇草异木，有甘蕉二本。"

芭蕉，看上去跟树差不多，大的一围多。蕉叶有的长达一丈，有的长达七八尺，有的宽一尺多，有的达到二尺。芭蕉花像酒杯，形状和颜色跟芙蓉差不多，芭蕉通常上百个成一串，称为一房，互相连接，味道甜美，可以存储收藏。芭蕉根像芋头的茎块，大的像车轴。剥开芭蕉皮，芭蕉肉是黄白色的，味道像葡萄一样甜而且脆，可以充饥。芭蕉有三种：如拇指大的，长而且尖锐，像羊角一样的，称为羊角蕉，味道最好；如鸡卵大的，肉色如牛乳一样的，称为牛乳蕉，味道略输于羊角蕉；如莲藕大的，果实长六七寸，形状方正，甜味不多，味道最次。芭蕉的茎，分解开像丝一样，将它蒸煮，可用来纺织成布，称作蕉葛布。这种蕉葛布品质较好，但颜色不如红色葛布。交广地区都有芭蕉。《三辅黄图》还记载了汉元鼎六年（前 111 年）攻破南越，建扶荔宫，在扶荔宫种植的各种奇草异木中，就有两株芭蕉。

［明］文俶《金石昆虫草木状》中的芭蕉花

无论是杨孚还是嵇含，都提到芭蕉不仅可以作为食品，而且还可以用作纺织的原材料。

芭蕉是典型的岭南特色水果，因此与岭南的民风民俗也天然地融为一体。北宋谏官邹浩曾谪至昭州（今广西平乐），他的《道傍妇》一诗就写出了这种自然景观与人文景观和谐的情景：

长插双钗低系裙，手持青伞步如云。
忽然退傍芭蕉立，元是前头逢伯君。

头上插着长钗，身上系着裙子，手上拿着青伞，步态轻巧如云。诗人笔下，这个正在路上行走的当地妇女的装扮很有岭南风格。但是，这个妇女忽然停下来退到路旁，与芭蕉树并立着，原来是前面遇到了丈夫的伯伯。诗的前两句描写妇女的风韵，后两句描写妇女对长辈的恭敬。这首小诗既生动形象又颇具情趣和韵味。

元代陈孚出使安南的途中经过全州，作《度三花岭》诗：

绝壁三千丈，荒烟八九家。
黄茅青草瘴，黑质白章蛇。
橄榄高悬子，芭蕉倒吐花。
岭头一回首，何处是京华。

［明］文徵明《蕉阴仕女图》 台北故宫博物院藏

刚过山岭，就是绝壁荒烟、瘴气毒蛇的聚居地，实在令人恐惧。相对而言，“橄榄高悬子，芭蕉倒吐花”或许令人欣悦，但对于作者而言，此情此景，他不由地思念京城。

芭蕉对陈孚来说可能是比较新奇的植物，因此，他不止一次将芭蕉写进他的诗里，他的《思明州》五首中的第一首又出现了芭蕉意象：

风吹蛮雨滴芭蕉，杵臼敲残夜寂寥。
留得孤灯床榻畔，思明州里过元宵。

风把岭南的雨吹到芭蕉上，百姓的庆祝歌舞已经进入尾声。此刻的“我”独自在床边与孤灯相伴，在宁明这个遥远的地方度过元宵。作者独在异乡为异客的心情溢于言表。

陈孚是江南人，他到岭南会思念京城，那么，黎崱（Zè）这个安南人，当他作为安南使臣到了桂林，又是什么样的心情呢？不妨读他所写《安南进奉使题桂林驿》五首的第三首：

逆旅萧萧夜籁沉，芭蕉叶上动秋心。
一鞭马影随风远，故国梅花入梦深。

客里月明偏识面，天涯雁断少知音。

凌云未遂平生志，击节不胜时朗吟。

“芭蕉叶上动秋心”，毫无疑问，芭蕉叶对黎崱而言是很熟悉的景物，但即便如此，还是令他萌生了思乡之情。看来，只要离开故乡，乡愁的产生是必然的。

明代林弼曾写《龙州》十首，其中第三首是这样的：

草阁柴扉傍竹开，峒官留客意徘徊。

盘遮蕉叶携殽至，瓮贮筠笼送酒来。

竹林边上草阁柴房的门打开了，作者在当地官员的盛情挽留下犹豫不决。一盘盘盖着芭蕉叶的菜肴已经准备好，竹器上盛放着的一坛坛酒也端了上来。在这首诗里，芭蕉叶代表的不是自然景物，也不是思乡意象，而是当地百姓的盛情，以及当地百姓的饮食特色。

明代董传策写了不少歌咏广西风物的诗歌，如槟榔、黄皮果、苦瓜、橄榄、荔枝等，芭蕉也是其中之一，请读他的《咏蕉子》：

蕉子垂垂结阵黄，绿枝风扇迥凝香。

生憎膏腻甜于蜜，消得幽人在异乡。

串串芭蕉成熟泛黄，垂在树上十分喜人，绿色的枝叶随风扇动，将香味吹向远方。吃了甜腻的芭蕉不再想吃其他甜品，被贬到岭南的作者在异乡也能获得享受。的确，芭蕉的美味在一定程度上缓解了那些从中原、江南贬到岭南的官员的思乡之情。

柑橘，是常见水果，通常包括柑、橘、橙等。

柑橘原产中国。根据古书的记载，广西应该是柑橘的原产地之一，而且，广西的柑橘品种也很优质。早在东汉，杨孚撰写的《异物志》就有关于橘的记载：

> 橘为树，白华而赤实，皮既馨香，又有善味，江南则有之，不生他所。交趾有橘，置长官一人，秩三百石，主岁贡御橘。

这段文字描述了橘的性状，还说它只生长在江南，岭南地区专门设置了橘官，负责每年给朝廷贡奉橘子的事宜。

东汉之后，晋朝嵇含撰写的《南方草木状》也提到汉武帝时期设置有橘官，负责给朝廷供奉橘子，同时还提到有一年，岭南太守士燮向朝廷献橘，“十七实同一蒂，以为瑞异，群臣毕贺”。这串十七果实同为一蒂的橘子，被认为是祥瑞的象征，得到群臣的祝贺。

《南方草木状》也说到柑：

柑乃橘之属，滋味甘美特异者也。有黄者，有赪（chēng）者，赪者谓之壶柑。交趾人以席囊贮蚁鬻于市者，其窠如薄絮，囊皆连枝叶，蚁在其中，并窠而卖。蚁赤黄色，大于常蚁。南方柑树若无此蚁，则其实皆为群蠹所伤，无复一完者矣。今华林园有柑二株，遇结实，上命群臣宴饮于旁，摘而分赐焉。

在嵇含笔下，橘有祥瑞象征，柑则显得颇为神异。更为新奇的是，上文还详细介绍了古人用一种黄蚁治柑树虫害的方法，并说如果没有黄蚁协助灭虫，柑树上就没有一个不受伤害的柑果。同时我们也很难想象，柑和橘在古代会得到皇帝们如此的重视，摘果时还宴饮群臣。

汉武帝时期就在岭南设置橘官，可见岭南橘的品质之优。

唐代刘恂也对橘的形貌、颜色及味道有描述：

山橘子，大者冬熟如土瓜，次者如弹丸。其实金色而叶绿，皮薄而味酸，偏能破气。容广之人带枝叶藏之，入脍醋，尤加香美。

而岭南橘品之优，在南宋诗人范成大撰写的介绍广西地理风物、民俗风情著作《桂海虞衡志》得到证实：

金橘，出营道者为天下冠，出江浙者皮甘肉酸，不逮矣。

营道，即今湖南道县，与广西相邻。虽然江南皆有橘，但江浙的橘皮甘肉酸，比不上湖广地区的橘。范成大是苏州吴县（今江苏苏州）人，曾任知静江府（今广西桂林）兼广南西道安抚使。《桂海虞衡志》是他由广南入蜀时将途中所见录成之书。

［宋］林椿《橙黄橘绿》　台北故宫博物院藏

清代王言纪修、朱锦纂《白山司志》一书对柑橘已有明确分类：

橘，《埤雅》："柚属。柚皮极苦，不可入口。皮甘者乃橙尔。"皮红而薄，小如柑者，名金橘。又一种最小者，名牛乳橘。

橙，实大如碗，香气馥烈。《本草》谓："经霜早熟，色黄，皮厚熏衣。可以芼鲜，可以和菹醢（zūhǎi），可以为酱齑（jī），可以蜜，可以糖制为橙丁，可以蜜制为橙膏。"即此，今人但知剖食，从未有煎制者，盖其法久废矣。

柑，树叶差类橘而实大倍之，有蜜团、狮头、金柑数种。《南方草木状》："乃橘之属，味甘美，有黄者、赪者。黄者谓之壶柑，大如碗，皮薄而子少，种出岭南。"

《白山司志》中明确，柑橘分柑、橘、橙三个品种，其中橘最小、橙最大，这个分类与如今植物学的分类大致相同。该书专门谈到橙的吃法，除直接剥皮食用之外，还可以腌制和煎制。

《白山司志》还提到一种佛手柑，原文如下：

佛手柑，《本草》作"枸橼（jǔyuán）"，树枝叶皆似柑，结实状如人手，有指长一二寸，四五寸者，俗以指握者为佛拳，舒为佛手。生绿熟黄，其核细，味不甚佳，而清香袭人。安芋片于蒂，而以湿纸围护，经久不瘪或捣蒜罨（yǎn）其蒂上，则香更充溢。《异物志》云：“浸汁浣葛纻，胜似酸浆也。”

佛手柑形状奇特，是柑橘属。

柑橘这种貌似平常的水果，却得到多位伟大诗人的赞美。

首先是战国时代屈原的《橘颂》：

后皇嘉树，橘徕服兮。受命不迁，生南国兮。
深固难徙，更壹志兮。绿叶素荣，纷其可喜兮。
曾枝剡棘，圆果抟兮。青黄杂糅，文章烂兮。
精色内白，类任道兮。纷缊宜修，姱而不丑兮。
嗟尔幼志，有以异兮。独立不迁，岂不可喜兮。
深固难徙，廓其无求兮。苏世独立，横而不流兮。
闭心自慎，终不失过兮。秉德无私，参天地兮。
愿岁并谢，与长友兮。淑离不淫，梗其有理兮。
年岁虽少，可师长兮。行比伯夷，置以为像兮。

在屈原诗中，橘作为嘉美之树，其叶素洁，其果圆满，其色鲜艳，其质脱俗，是可以赋予重任之人的象征；他独立不倚，执着专一，胸怀磊落，无私有节，可做长久的朋友；德行能与伯夷相比，可作为士人的榜样。

如果说屈原赞美的是人格化的橘，那么，韩愈描绘的则是自然界的柑。在那首著名的写广西的诗歌《送桂州严大夫同用南字》中，韩愈写道：

苍苍森八桂，兹地在湘南。
江作青罗带，山如碧玉簪。
户多输翠羽，家自种黄甘。
远胜登仙去，飞鸾不假骖。

朋友严谟要到遥远的桂林为官，韩愈作诗为之送行。广西这片土地，植物茂盛，在湖南南部。漓江如同青绿的丝带，桂山如同碧色的玉簪。家家户户多以翠鸟的羽毛来缴纳赋税，种植有甜蜜鲜美的“黄甘”（一说指黄皮果）。这个地方远胜仙境，无须借助飞鸟为坐骑就能飞升成仙。

虽然目的是安慰朋友，但韩愈对桂林的描绘，激起了无数人对桂林的向往。如今，来自世界各地的游客，仍然可以在桂林看到漫山遍野种植柑橘的景象。

韩愈送别严谟不久，柳宗元被贬到柳州做官，想

砂糖橘挂满枝头

起一千多年前屈原写的《橘颂》，柳宗元写下《柳州城西北隅种柑树》：

手种黄柑二百株，春来新叶遍城隅。
方同楚客怜皇树，不学荆州利木奴。
几岁开花闻喷雪，何人摘实见垂珠。
若教坐待成林日，滋味还堪养老夫。

柳宗元在柳州城西北种下200棵柑橘树，春天来临，柑橘的新叶开遍城隅；他表示自己会像当年的屈原一样爱惜柑橘树的道德品行，而不是像荆州的李衡那样只是把柑橘树当作谋利的木奴；几年之后柑橘树会盛开雪白之花，到时候是谁来摘这珠玉般的果实呢；他憧憬等到柑橘成林的时候，柑橘的美味还能滋养他这个老叟。

这种集美味、美景和美德象征于一身的水果，在八桂大地到处可见。如今，柳州蜜橘、梧州砂糖橘、阳朔金橘、武鸣沃柑、广西夏橙等已是全国较为知名的柑橘品种，广西柑橘的自然品质和人文内涵，都值得保护和推广。

膏凝甘露嚼来奇：黄皮果

同样一种水果，在不同的地方，地位可能大不相同。童年时期我就吃过黄皮果，但在我个人心目中，它远不如常见的柑橘，更不如当时对我而言不常见的荔枝、龙眼。广西和广东的水果种类同样丰富，但在广东人心里，黄皮果似乎拥有较高的地位，如六井冰撰写的《不知道有多好吃》这本书所说：

在故乡人的观念中，黄皮是最有益的水果，它的江湖地位远超荔枝，连龙眼都不是它的对手，种了黄皮的人家，老人都是鼓励小朋友多吃黄皮的。想想看，谁家不是挑最好的东西给小朋友吃？单凭这个，便可知黄皮是好东西。

的确，黄皮果并非名不见经传的水果，早在南宋范成大的《桂海虞衡志》中就有记载："黄皮子，如

黄皮果

小枣。”

周去非的《岭外代答》对黄皮果的描述稍稍详细：“黄皮子，如小枣，甘酸，佳味稍耐久，可致远。”

黄皮果的味道有多好，我不敢说。不过，许多水果营养高、味道好，但对人的身体总会有些不那么友善的地方，比如易使人上火、不好消化之类的，而黄皮果似乎益处多多，清代赵学敏的《本草纲目拾遗》如此描述黄皮果：

《广志》：黄皮果，状如金弹，六月熟，其浆酸甘，似葡萄。与荔枝并进，荔枝餍饫（yù），以黄皮果解之。谚曰：饥食荔枝，饱食黄皮。《纲目》于果部附诸果条下，仅引《海槎录》云：出广西横州，状如楝子及小枣，味酸。至其功用，并未之及焉，今依《广志》补之。

消食顺气，除暑热。（《广志》）酸平无毒，主呕逆痰水，胸膈满痛，蛔虫上攻心下痛。（《食物本草》）

敏按：《广东琐语》载果中有白蜡子，与黄皮果绝相似，而味尤胜。谚有云“黄皮白蜡，甜酸相杂”，想功效亦不甚远也。

《广东通志》：黄皮果，大如龙眼，又名黄弹子，皮黄白，有微毛，瓢白如肪，有青核数枚，甚酸涩。食荔枝太多，用黄皮果解之。

上述文字重点强调黄皮果的功用，认为黄皮果有助消化，因此有“饥食荔枝，饱食黄皮”的说法。清代植物学家吴其濬在《植物名实图考》一书中也收录了此果，提到黄皮果能消食，桂林人用它来做果酱，荔枝食用过多时，可以食用黄皮果酱来助消化。黄皮果不仅消食顺气，而且可解暑热。南方气候炎热，湿气重，黄皮果可化痰平喘，正是适合南方气候的益果。

如今人们重视食疗，而黄皮果正是食疗佳品。王绪前编著的《中医食疗》一书对黄皮果有较详细的介绍。关于外形：“黄皮果是我国南方地区民间广为使用的药物和食物。黄皮果的植株外观及果实大小、颜色等，都和龙眼十分相似，然而花朵构造却与龙眼大不相同，因为它是橘子、柚子的表亲，和龙眼一点血缘关系也没有。”

关于味道：“黄皮果色泽金黄、光洁耀目，有甜、酸的不同味道，有些品种甜酸适口、汁液丰富而具香味，是色、香、味俱佳的水果，可与荔枝并称。”

关于药用价值：“黄皮果可用于食积不化、胸膈满痛、痰饮咳喘等，并可解郁热，理疝痛，其对疼痛有一定疗效，如肝胃气痛、疝痛、肠痉挛等。黄皮果水煎后空腹服液汁，对胆道蛔虫症引起的上腹剧痛有迅速止痛作用。”

该书还根据现代研究概括出黄皮果的三大作用：一是补充营养，二是健脾化食，三是敛肺气。

黄皮果的知名度并不算高，但在南宁上林、河池东兰、来宾象州均有树龄上百年的黄皮果树，我们也能读到古人以黄皮果为题材创作的诗歌，明代董传策的《�王皮果》写得就很有意趣：

碧树历历金弹垂，膏凝甘露嚼来奇。

木奴秋色珍如许，那似香飘溽暑枝。

绿色繁茂的黄皮果树上垂挂着金色弹丸般的黄皮

果，果肉状如凝固的膏脂，吃起来有如甘露入口。黄皮果在春天开花，夏季成熟，香甜味浓，能够让人们消暑解渴，似乎比秋天成熟的柑橘更珍贵。

1935年，中国科学社、中国工程师学会、中国化学会、中国地理学会、中国动物学会、中国植物学会六个学术团体曾在南宁开会，《申报》随会记者写了《广西的“黄皮”》一文，称黄皮果“妙哉妙哉名不虚传”，摘要如下：

南国的水果种类繁多，色香俱全，又鲜又甜，真是脍炙人口，顶普通的如香蕉、荔枝、菠萝等，人人爱吃，个个称道。不幸今年的荔枝是小，会员们到香港时，市上便宣告绝迹，今年口福欠佳，只可留待他日机会。那时恰巧新鲜龙眼当令，上海人常吃兴化桂圆，但是新鲜的却轻易不容易尝到，于是下总动员令，一路吃到广州，味道平常，就淡然置之。从三水坐电轮到梧州，沿途小码头停留时，船娘纷纷拿水果来卖，黄澄澄的一大堆，大家以为又是龙眼，而广东去的会员们却大喊买“黄皮”。

“黄皮”和龙眼在表面形态上很难区别。淡黄的果皮，绿绿的嫩枝，不过“黄皮”的黄色深入皮里，透明而有光彩，龙眼的色泽浮在表面，晦木而不透明罢了。但是果肉的滋味，真有天上地下之别。“黄皮”皮薄，饱含水分，多核，鲜甜略带酸味，在这一层薄皮上，细加咀嚼，更有一种特别鲜美反应，较果肉味道尤佳。“黄皮”为广西特产，广东虽然也有，而肉味相差甚远，吃在广州，广西事事模仿，具体而微，至于“黄皮”却唯我独尊。会员们一路行去，从梧州、南宁、龙州、柳州、荔浦、阳朔、桂林、平乐、昭平再返梧州，没有一天不吃“黄皮”。“黄皮”成为最普通名词，会员见面便曰“黄皮”，旅行时室内、车中、船上，满地都是抛弃了的“黄皮”皮核，“黄皮”真和去广西的游客结不解缘了。可惜“黄皮”不耐久藏，带到上海就不能吃了，否则，沪上人士也可尝尝异味。广西昭平发售黄皮膏，四处闻名，说是功能滋阴补阳，消痰化咳，可以设法买来一尝。……假使拿各省的特产来代表省徽的话，那“黄皮”代表广西是最适当确切也没有了。

须占人间第一名：荔枝

说起荔枝，多数人首先想到的应该是唐代杜牧的名诗《过华清宫》其一：“长安回望绣成堆，山顶千门次第开。一骑红尘妃子笑，无人知是荔枝来。”这首诗在中国几乎妇孺皆知，因此，对中国人而言，哪怕不曾见过荔枝，也不会不知道荔枝。

荔枝早在汉代杨孚的《异物志》就有记载：“荔支为异，多汁，味甘绝口，又小酸，所以成其味。可饱食，不可使厌。生时大如鸡子，其肤光泽。皮中食，干则焦小，则肌核不如生时奇。四月始熟也。”

汉代的荔枝就已经“味甘绝口”，无疑属于美味。

晋朝嵇含的《南方草木状》关于荔枝，不仅有描述，而且有故事：

荔枝树高五六丈余，如桂树，绿叶蓬蓬，冬夏荣茂，青华朱实。实大如鸡子，核黄黑，似熟莲；实白如肪，甘而多汁，似安石榴。有甜酢者，至日将中，翕然俱赤，则可食也，一树下子百斛。

《三辅黄图》曰："汉武帝元鼎六年，破南越，建扶荔宫。扶荔者，以荔枝得名也。自交趾移植百株于庭，无一生者，连年移植不息。后数岁，偶一株稍茂，然终无华实，帝亦珍惜之。一旦，忽萎死，守吏坐诛死者数十，遂不复茂矣。其实则岁贡焉，邮传者疲毙于道，极为生民之患。"

汉武帝所建扶荔宫，是因为荔枝而得名，可见荔枝早在汉朝即已成名。当时从交趾移植上百株荔枝到皇宫，没有一株存活。可能是大家太喜欢荔枝了，连续数年移植，几年后，有一株终于存活，但既无花也无果。即便如此，汉武帝仍然很喜欢这株荔枝树。一天早晨，这株荔枝树忽然枯萎而死，负责养护这株荔枝树的官员，共有数十人被连累而处死。此后皇宫里不再有荔枝树存活。当时荔枝是贡品，为了保证荔枝的新鲜，负责运送荔枝的人甚至累死在途中，荔枝因此成为百姓的祸患。好东西成为祸患，这是当时的专制制度所造成的。

［宋］赵佶《写生翎毛图》局部　大英博物馆藏

唐代的时候，荔枝已经较为普及，刘恂《岭表录异》记载：

荔枝，南中之珍果也。梧州江前有火山，上有荔枝。四月先熟，核大而味酸。其高、新州与南海产者最佳，五六月方熟，形若小鸡子，近蒂稍平，皮壳微红，肉莹寒玉。又有焦核者，性热液甘，食之过度，即蜜浆制之。又有蜡荔枝，黄色，味稍劣于红者。

“南中之珍果”，这个结论很重要。首先明确荔枝是珍果，其次明确荔枝是南方的水果。而后描写了梧州江前的“火山”荔枝。

荔枝味美的名气之大恐怕离不开众多赞美它的诗文。有一位影响不小的诗人便写过不止一首关于荔枝的诗，他就是苏东坡。苏东坡是多才多艺的文学家，同时也是令人羡慕的美食家，他有一首《食荔枝》：

罗浮山下四时春，卢橘杨梅次第新。

日啖荔枝三百颗，不辞长作岭南人。

罗浮山下四季都是春天，枇杷和杨梅接连成熟。如果每天能吃三百颗荔枝，他愿意留下来，做一个岭南人。

苏东坡是被贬到岭南的，古代许多官员被贬到岭南都难免生发出怨天尤人的情绪，但苏东坡没有，这固然与苏东坡随遇而安的人生态度有关，也与苏东坡是一个美食家，而岭南作为美食聚集地，为他提供了丰富的美食有关。

虽然苏东坡希望一天吃三百颗荔枝，但这是古代文学家的浪漫，而现代科学家告诉我们，荔枝一天不宜食用太多。

广西是荔枝重要的产区，因此广西人对荔枝有更多的了解。五代时期，南汉皇帝刘龑（yǎn）亲自主持科举考试，他出的题目是“荔枝”。考生梁嵩是广西平南人。平南是荔枝产地，而梁嵩凭借一首《殿试荔枝诗》夺得当年科举考试的状元。全诗如下：

露湿胭脂拂眼明，红袍千裹画难成。

佳人胜尽盘中味，天意偏教岭外生。

橘柚远惭登贡籍，盐梅应合共和羹。

金门若得栽培地，须占人间第一名。

首联写荔枝外形之美，颔联写荔枝品味之美，颈联写荔枝产地在岭南，暗喻自己作为岭南人也是有超人才华的，尾联暗示如果自己获得皇帝的栽培，一定能够像荔枝那样卓然，成就人间第一的功业。

作为广西人，梁嵩才华不俗，但他在诗中展现的抱负更显宏大。或许，正是这样的雄心壮志打动了皇帝，他在殿试中一举夺魁，成为那一场科举考试的优胜者。

值得一说的是，不仅皇帝出过荔枝题让文人写荔枝诗，而且有皇帝写过荔枝诗，请看宋神宗这首《连理荔枝》：

横浦江南岸，梁家间世贤。

一株连理木，五月荔枝天。

这首诗写的是大理寺丞梁世基家中生长的连理荔枝。梁世基是广西横州人，“连理荔枝”大约指的是两株荔枝树的枝条生长在一起了，较为罕见。可能是梁家将这株罕见的连理荔枝树上生长的荔枝献给宋神宗品尝，所以宋神宗写了这首诗。

诗写得通俗易读，但能够让皇帝为家里的荔枝树写诗，实在不容易，可见广西荔枝的不同寻常。

1907年，齐白石到钦州，多年后，齐白石回忆：

回到钦州，正值荔枝上市，沿路我看了田里的荔枝树，结着累累的果实，倒也非常好看，从此我把荔枝也入了我的画了。曾有人拿了许多荔枝来，换了我的画去，这倒可算是一桩风雅的事。

齐白石在北京时常用吟诗作画来回味南方赏荔的情景，其中有两首《题荔枝》：

自笑中年不苦思，七言四句谓为诗。
一朝百首多何益，辜负钦州好荔枝。

此生无计作重游，五月垂丹胜鹤头。
为口不辞劳跋涉，愿风吹我到钦州。

显然，荔枝、钦州都给齐白石留下了深刻印象。齐白石一生所作画作中，以钦州荔枝为题材的有500多幅，仅次于虾画的数量。他曾言“果实之味，唯荔枝最美”。人们看到齐白石的荔枝画，读到齐白石的荔枝诗，应当理解齐白石荔枝诗画中的广西情谊。

根据宋代蔡襄《荔枝谱》记载：“荔枝之于天下，唯闽粤、南粤、巴蜀有之。汉初南粤王尉陀以之备方物，于是始通中国。”可见岭南荔枝早在汉初即作为贡品进献朝廷，声名远播。时至今日，大家公认的荔枝优质品种包括挂绿、桂味、糯米糍、白糖罂、鸡嘴荔、妃子笑等。除挂绿外，其他品种在广西多有栽种。

唐代学者段公路曾于岭南供职，他所著《北户录》记载了广西的一种无核荔枝，“有无核类鸡卵大者，其肪莹白，不减水精，性热，液甘，乃奇实也”。这种荔枝如鸡蛋般大小，果肉洁白莹润，甘甜可口。这是我国最早有关无核荔枝的文字记载。

早在汉代，龙眼在杨孚的《异物志》就有记载："龙眼似荔枝，其实亦可食。"或许因为产地大致相同，形状亦相似，龙眼经常与荔枝并提，因此竟然有一绰号——"荔枝奴"。

晋朝嵇含的《南方草木状》写得更明白：

龙眼树，如荔枝，但枝叶稍小，壳青黄色，形圆如弹丸，核如木梡子而不坚，肉白而带浆，其甘如蜜，一朵五六十颗，作穗如葡萄然。荔枝过即龙眼熟，故谓之荔枝奴，言常随其后也。《东观汉记》曰："单于来朝，赐橙、橘、龙眼、荔枝。魏文帝诏群臣曰：'南方果之珍异者，有龙眼、荔枝。令岁贡焉，出九真、交趾。'"

龙眼被称为"荔枝奴"，不仅因为产地相同、形状相似，还因为成熟时间紧随荔枝之后。

［明］文俶《金石昆虫草木状》中的龙眼

明代的《梧浔杂佩》记载了一则关于龙眼的轶事：

龙眼，自尉陀献汉高帝，始有名。见《西京杂记》，左太冲赋“旁挺龙目”，即此。梧浔署中皆有之。结实甚繁，剖之色莹白，政如水晶丸，核映于外，味亦甘美。但微觉草气，风韵远逊荔枝，故谓之荔枝奴。

苏长公曰："闽、粤人高荔枝而下龙眼，吾为平之。荔枝如食蝤蛑（móuyóu）大蟹，斫雪流膏，一啖可饱。龙眼如食彭越石蟹，嚼啮久之，了无所得。然酒阑口爽，餍饱之余，则咂啄之味，石蟹有时胜蝤蛑也。"长公此语，足为荔奴解嘲。

这段文字称，龙眼自从南越国赵陀进贡汉高帝的时候就出名了，广西梧州、贵港等地的官府中都生长有龙眼树，但龙眼的风味不如荔枝，所以有荔枝奴的称谓。苏东坡说："华南人高看荔枝而低看龙眼，我要为龙眼说说话。吃荔枝如同吃大蟹，肉多膏厚，可以饱食；吃龙眼如食小蟹，虽无肉膏可食，但若在吃饱喝足之后去品尝，这时小蟹的味道可能胜过大蟹。"

他还有一首《廉州龙眼质味殊绝可敌荔支》：

龙眼与荔支，异出同父祖。
端如甘与橘，未易相可否。
异哉西海滨，琪树罗玄圃。
累累似桃李，一一流膏乳。
坐疑星陨空，又恐珠还浦。
图经未尝说，玉食远莫数。

独使皴皮生，弄色映雕俎。

蛮荒非汝辱，幸免妃子污。

从诗题便可看出，苏东坡盛赞廉州（今广西合浦）龙眼，认为它与荔枝不分伯仲。

如果说宋代苏东坡为龙眼的打抱不平具有解嘲的色彩，那么，明代王象晋的《龙眼》一诗则有为龙眼正名的意味，他写道：

何缘唤作荔枝奴，艳冶丰姿百果无。

琬液醇和羞沆瀣，金丸玓瓅（dìlì）赛玑珠。

好将姑射仙人产，供作瑶池王母需。

应共荔丹称伯仲，况兼益智策勋殊。

在王象晋眼里，龙眼的艳冶丰姿是其他水果所没有的，因此不应该被称为荔枝奴；龙眼之味如美酒一样醇和，龙眼之形如玑珠一般美丽；龙眼似乎是姑射山仙人所出产，为的是满足瑶池王母的需要；龙眼与荔枝的价值在伯仲之间，何况它还有“益智果”的美称。

清代吴玉麟的《龙眼》表达了与王象晋诗作类似的意思：

黄里裹冰肤，累累若贯珠。

谁将龙刮目，未许荔称奴。
益智神能健，清心暑可驱。
更怜嘉树荫，霜雪总无殊。

龙眼荔枝之争延续到近代。“荔枝奴”是龙眼的古代绰号，而龙眼在近代曾被称为“亚荔枝”。1951年编印的《广西省特产》这样写龙眼：“龙眼树，属于无患子科的常绿乔木，乃热带名果树之一，与荔枝共生于园地间，故有‘亚荔枝’之称，唯枝干高大，果实繁多，此乃其特点。”

龙眼果经加工后成为干桂圆，或称桂圆肉。《广西省特产》告诉我们，因为桂圆为广西首制，广西简称桂，所以龙眼肉又有“桂元”之称。

龙眼果肉

虽然龙眼有“荔枝奴”“亚荔枝”等绰号，但龙眼并非真的像苏东坡说的那样，只能作为茶余饭后的点缀。事实上，龙眼的营养价值、药用价值亦是不俗。《广西省特产》写道：

桂元肉，因含有多量的葡萄糖，故可入药作滋补品。《本草》有云：“桂元肉，性甘温，归脾，长智，养心，补血……道家和津咽之，名曰服玉泉。”历来国药店中，恒视为珍品。其次，用桂元肉配沙参玉竹猪肉混和煨汤，为暑天佐膳佳肴，名为清补凉。此外浸酒并可做糖果食。

萝卜青菜，各有所爱，没有必要在荔枝、龙眼两者之间分出优劣。事实上，两种水果各有人喜爱，也有各自的功用。

宋代梅挚曾出任昭州刺史，他所作《昭潭十爱》第十首这样写道：

我爱昭州果，西东此擅珍。
荔枝登宴美，桂子荐盘新。
映树珠含影，承牙玉溜津。
二年游宦乐，满腹岭南春。

“荔枝登宴美，桂子荐盘新”，在梅挚看来，荔枝与龙眼都是美味，都是广西的珍宝，他因此感念在广西做官的两年，能够大快朵颐，享受荔枝、龙眼这样的人间至味。

玉林是龙眼的主要产地。博白桂圆肉是地理标志保护产品。在2018年出版的《广西手册》中，可以看到这样一段文字：

博白县是桂圆肉主要产地，有“中国桂圆之乡”的美称。鲜龙眼经晒干或烘干后就成了龙眼干，龙眼干去壳去核后，叫圆肉。广西称为“桂”，因此在这些特产名称前冠以“桂”字，龙眼干称为“桂圆”，圆肉称为“桂圆肉”。博白桂圆肉色泽黄亮、肉厚、糖分较多，经水泡开后的果肉呈梅花形，汤色微黄，气味芳香，清甜可口。早在1991年，博白县就被定为国家优质龙眼生产基地，1992年被命名为“桂圆之乡”。

终年绿叶护疏枝：柚

关于柚的古代文献，范成大《桂海虞衡志》有这样一则：

柚子，南州名臭柚，大如瓜，人亦食之。皮甚厚，打碑者卷皮蘸墨以代毡刷，宜墨而不损纸，极便于用。此法可传，但北州无许大柚耳。

这段文字感觉有点喧宾夺主，没有重点写柚子的美味，而将读者的注意力转移到了柚皮的功用，即可以作为拓碑时用于蘸墨的工具。

也许，在范成大生活的宋代，柚子确实不算美味的水果。民国年间田曙岚所撰写的《广西旅行记》中有一段关于沙田柚的记录：

沙田柚，产于县属辛里沙田。味纯甜，无酸、涩等杂味，非他种柚所能及。以故名驰遐迩，近年四乡皆争植之。秋后金丸满树，获利颇厚。邻邑接枝分种，味亦不恶。惟每经数年，必须换种一次。否则逾趋愈下，变酸而带苦，有“橘化为枳”之叹。

原来柚子这种植物特别讲究品种，范成大当年品尝的柚子，可能既酸且苦，不能算作美味，所以他更强调柚皮的蘸墨作用，而对柚实的食用功能一笔带过。

［明］文俶《金石昆虫草木状》中的柚子

其实，柚子不仅果肉可以食用，果皮、果核也有用。20 世纪 50 年代出版的小册子《广西省特产》有对沙田柚的介绍：

沙田柚的果皮亦有很大用处，将外果皮削去晒干，煨少许于香炉内，透出缕缕烟丝，气味极为芬芳。果皮内有雪白柔软之厚囊皮，切成一分厚的薄片，用水煮透约十五分钟，再用冷水冲洗去其苦味，可充蔬菜。瓢囊每一瓣内有种子七八粒，每一个柚子的种子重约六钱至一两，如能收集起来以之榨油，每百斤约含油量二十五斤，但味苦不堪食用，以之燃灯却非常光亮，以之作机器油可与蓖麻油具有同样作用。

如今，有匠人制作柚罐，如将柚子经过反复晒干后，抛光打磨平整，再进行塑形，做成茶叶罐，可见柚子可供开发的空间还很大。

随着栽培技术的提高，柚子在人们心目中的地位越来越高，民国时期吴尊任编写的《广西特产物品志略》就记录了两则有关柚子的文献，第一则来自《粤西植物纪要》：

柚，种类颇多，味有酸甜，肉有红白，容县沙田产者，形状香味异他种，汁甜如蜜，因名蜜柚，岁销省外，价逾十万金。《吕氏春秋·本味篇》，果之美者，云梦之柚，以视沙田所产，未知孰美。

这段文字表明柚子品种众多，有酸有甜，但容县沙田柚味道纯甜，甚至将沙田柚与《吕氏春秋》中的云梦之柚相提并论。

第二则来自《容县志》：

柚，吕氏春秋果之美者，云梦之柚，今容地所产，叶类橙，春花秋熟，实大如瓠，皮黄，上尖，下有圆脐，肉白，味甜如蜜，曰蜜柚。项高似羊额，又名羊额，囊以辛里沙田所产为最。近年四乡皆植，秋后金丸满树，获利颇厚。

春日开花，秋日结果，“秋后金丸满树”，着实是对柚子很形象的写实。

古代有关柚子的诗歌不少。南宋范成大在《桂海虞衡志》中虽然没有写柚子之味美，但他在诗歌《清湘县郊外杂花盛开，有怀石湖》中说柚子是岭南重要的贡品：

午行清湘县，妍暖春事嘉。
柴荆闹桃李，冥冥一川花。
故园岂少此，愈此百倍加。
我宁不念归，顾作失木鸦。
百年北窗凉，安用天一涯。

君恩重乔岳，敢计征路赊。

乡心与官身，凿枘方聱牙。

橘柚走珍贡，何如系匏瓜。

明当复露奏，天日临幽遐。

傥许清江使，曳尾还污邪。

这首诗首先写岭南春天繁花之美，进而写到自己的思乡之情，然而皇恩浩大，怎么能够计较远离故乡？在诗中，诗人专门将橘柚和匏瓜进行对比。橘柚和匏瓜外表有相似之处，但橘柚可食，匏瓜只可观。前者代表出仕，后者代表隐居，表现出诗人在乡情与官身、归隐与出仕之间的矛盾心理。

柚子味道酸甜差异很大，正如人生酸甜苦辣咸五味杂陈。宋代诗人黄庭坚在《送刘道纯》中写道“老身风波谙世味，如食橘柚知甘酸”，这里橘柚的甘酸，隐喻的正是人世的甘酸。黄庭坚一生浮沉，对人生滋味的了解自然比一般人更为丰富深刻。

下面再介绍三首专门写柚子的诗歌。

第一首是唐代柳宗元的《南中荣橘柚》：

橘柚怀贞质，受命此炎方。

密林耀朱绿，晚岁有余芳。

殊风限清汉，飞雪滞故乡。
攀条何所叹，北望熊与湘。

这首诗表面写的是橘柚植物，实际上写的是橘柚人格。在柳宗元看来，橘柚具有忠贞的人格特质，它受命驻守岭南炎热地区，密林里红绿相间，到了年末散发出芬芳。柳宗元本人在人生后期，先后被贬到湖南和广西，他写橘柚的贞质，实际上是写自己的贞质。柳宗元正是这样一个哪怕身处逆境，仍然志存高远、奋发有为的人。

第二首是龙启瑞的《柚》：

佳名实包贡，登盘虑不胜。
黄团甘似橘，绿暖大于橙。
老叶霜千片，高花树万层。
圣朝无果献，方物未须登。

龙启瑞是清代广西四位状元之一，也是“杉湖十子”之一，“岭西五大家”之一，潜心研究音韵学、文字学，著有我国现存最早的国学书目《经籍举要》。这首诗写柚子果肉清甜如橘，比橙子大得多，十分鲜美。尽管如此，作者自谦地表示柚子只是地方特产，还未能作为献给朝廷的贡品。

第三首是李任仁的《咏柚》：

香色平凡不入时，终年绿叶护疏枝。
落花满地谁为惜，结果酸甜只自知。

李任仁曾经做过教师。这首诗写于1934年，李任仁是当时广西省教育厅厅长。这首诗包含教育的意味。在作者看来，教育是很平凡的工作，就像绿叶护枝，其中的心境只有教育者本人才能体会。大多数学生也是平凡人物，似乎难以得到人们的重视，但真正的教育者应该重视每一个学生，让学生的特长和潜能得以发挥。

柚子“佑子”，护佑学子。上面对李任仁诗歌的解读或许与作者的本意有所偏离。但教育的真谛是应该爱护学生，深入学生的内心世界，为学生的未来发展作长远的考虑。

柚子挂树

桃花满路落红雨：桃

中国历史上关于桃花最著名的书写，无疑是东晋陶渊明的《桃花源记》，文章第一段文字便引人入胜：

晋太元中，武陵人捕鱼为业。缘溪行，忘路之远近。忽逢桃花林，夹岸数百步，中无杂树，芳草鲜美，落英缤纷。渔人甚异之，复前行，欲穷其林。

陶渊明后，桃花源代表着中国人心中向往的美好之地。古代文人在广西遇到美好的风景或丰衣足食的生活景象时，也会把广西想象成桃花源。

桃在广西是常见的植物。翻阅古代广西有关桃的文献，发现广西桃的品种不少。明嘉靖《南宁府志》记载有“冬桃，似橄榄，色绿，肉软，味酸”，此外，还提到“有胭脂桃、鹰嘴桃、七月桃、十月桃”。

［清］汪承霈《写生图》中的桃子　台北故宫博物院藏

南宋范成大的《桂海虞衡志》记载着两种桃的信息，一种为“冬桃，状如枣，深碧而光，软烂甘酸，春夏熟”，还有一种为“扁桃，大如桃而扁，色正青”。

此处的扁桃又叫偏桃，不同于巴旦杏，是广西较有特色的“桃”，又叫天桃木，其实是杧果属，多种文献都有记载，如《金志》：

偏桃，田州出，树扶疏直上，枝叶秋冬不凋，每二月发嫩枝，细花丛生，色淡黄，结实。五月熟，大如桃，黄色，味甘香。

这里所说的田州，位于如今的百色。

民国年间吴尊任编撰的《广西特产物品志略》，里面引录了几则有关偏桃的文字，其中一则来自《横州志》：

偏桃树高大，叶似桃而阔，冬不凋，二月开黄花，实如桃而偏，熟则自落，藏之一二日，肉成膏液，味香而甘，如摘食则酸。

一则来自《粤西植物纪要》：

树干修伟，叶繁密，木质坚细，春仲丛生黄色细花，结实大如鸡卵而扁，皮色生青熟黄，裂皮吮其瓤，香甘微酸，别具风味。

一则来自《扶南采访册》：

偏桃，生金竹洲邻近各村，树高大而木质坚致，春季开小粒黄花，结实扁圆如鸭卵，五月熟后，皮色鲜黄，味香甘微酸，效能解暑消食，以种子埋土中，

扁桃挂满枝头

春间发芽，自易繁殖。

清嘉庆《广西通志》在引录《金志》有关偏桃的史料后，专门附了清代诗人商盘写的一首《偏桃花诗》：

种异元都观，名非度索山。
探春来五岭，含笑向诸蛮。
流水行难尽，斜阳照渐殷。
休疑武陵路，一入竟忘还。

唐代刘禹锡的“玄都观里桃千树”写出西安玄都观中桃树之多，商盘的“元都观”应指此“玄都观”。《山海经》有云：“沧海之中，有度朔之山，上有大桃木，其屈蟠三千里。”此“度朔之山”即为“度索山”。这两地的桃花都是很有名的。在诗人看来，偏桃花与玄都观和度索山的桃花都不相同，诗人专程到岭南来感受春意，岭南各地风光令人赏心悦目，河流舒缓，斜阳温和，不由让诗人联想到陶渊明笔下的桃花源。

事实上，古代写广西桃花的诗很多。范成大不仅在《桂海虞衡志》为桃花写志，而且在《清湘驿送祝贺州南归》这首诗中也提及桃花：

海内交情两断金，离歌倡和俱吴音。

桃花如雨暮春洒，竹箭有筠他日心。
万里书来蜀道易，四愁诗成湘水深。
田园将芜各早计，一棹五湖能见寻。

这首诗是范成大写给他的好朋友祝贺州的。首联写两人是兄弟一样的好朋友，都是江苏人，都带家乡口音。颔联写他们离别之时正是桃花纷纷落下的季节，他们的友谊坚贞、纯洁。颈联写离别后虽然相距遥远但可以书信往来，彼此如湘水那样深的思念之情可以通过书信抒发。尾联则表示各自可以早作打算回乡归隐，在家乡终会有相见的时候。

在这首诗里，“桃花如雨”传达的是朋友之间的深厚情谊。

桃花盛开的情景是很壮观的。桂林有一座著名的桥叫花桥。花桥是一座廊桥，也叫风雨桥。花桥的花据说就是桃花。有说花桥的命名出自南宋诗人方信孺的诗歌《题龙隐岩》其二：

雨脚初收鱼尾霞，满溪流水半溪花。
寻源曾识武陵洞，泛宅如浮苕霅（Tiáo Zhà）家。
但得嵌空元有路，何妨峭绝不容车。
道人辛苦经云水，成塔从来是劫沙。

［清］恽寿平《仿古山水》其一　台北故宫博物院藏

这首诗刻在桂林龙隐洞口，首联写的是春季，密而急的大雨过后，天边出现了鲤鱼尾般绚烂的云霞，龙隐洞前的小东江一半是流水，一半是桃花。颔联写的是当时诗人乘船游览龙隐洞，这番情景让诗人想起了桃花源。颈联写龙隐洞虽然空阔有路，但道路狭险，无法通车。尾联写僧人行踪不定如行云流水，他们聚沙成塔，从小做起，最后成就大的善业。

灵渠是秦始皇时代开凿的运河，历代对灵渠皆有修缮，明代的严震直也是修缮灵渠的有功之臣之一，他写过《筑兴安堤》：

岭外河堤筑已完，促装归去去朝天。
桃花满路落红雨，杨柳夹堤生翠烟。
黎庶勤劳功幸就，清朝治化德为先。
老臣自愧恩无报，但祝皇图亿万年。

完成了修缮灵渠的任务，收拾好行装回朝廷拜见皇帝。灵渠路上桃花如红雨纷纷飘落，杨柳夹堤仿佛飘荡着翠绿烟云。平民百姓的勤劳造就了灵渠的顺利修缮，清明的朝廷治理国家以德为先。年老的“我”自愧不能报答皇上的恩典，谨祝江山长治久安。完成任务的快乐，朝廷嘉奖的光荣，在诗里表现无遗。

半塘老人王鹏运是桂林人，开创临桂词派，为清末四大词人之首。他出仕后久居京城，常常想念故乡桂林的山水。他写过一首词《南浦》，词前有个短短的序言：“寒食日忆壶山桃花，再有春水韵。”壶山，指桂林骆驼山。寒食是清明前一日（一说前两日），正是桃花开放的季节。旧有“壶山赤霞”之景。在这个时候，王鹏运作词回忆家乡。全词如下：

芳事说壶山，近清明，正是千林春晓。花气润晴岚，溪桥外、风过曲尘如扫。单衣乍试，翩翾蛱蝶迎人小。怪底暖风熏欲醉，看取青红芳草。　眼中节物依依，便归来、已是十年迟了。寄谢草堂灵，新溪畔、知否梦云曾到。空烟杳渺，鸣鸠声里山容悄。坐忆阴崖题石处，剩得墨痕多少。

在百花盛开的时候说说壶山，马上就是清明时节，正是春天千林竞秀的时候。花香弥漫，小东江的花桥外，淡黄色的柳条在空中轻拂。脱掉冬装，追逐轻盈飞舞的蝴蝶。暖风熏人醉，大地上花红草绿看不尽。

季节轮转，物候依稀不同，哪怕是现在赶回故乡，也晚到了十年啊。故乡旧居里的神灵，你们可知我曾在梦中到过新溪畔。天空烟云缥缈，斑鸠的鸣叫声里，壶山似乎也在忧伤。想想当年在山阴石岩处留下的题字，如今还留存多少？

这首词写得情真意切，深情款款，将作者对故乡的牵挂，对往昔的追怀，表现得淋漓尽致。

碧桃竞秀

匠心独具

以御宾客，且以酌醴

布

早在唐朝，广西的布已经全国闻名。宋代纪实小说《太平广记》里的《夏侯孜传》记载有一个关于广西布的故事：

夏侯孜为左拾遗，常着桂管布衫朝谒。开成中，文宗无忌讳，好文，问孜衫何太粗涩。具言桂管产此布，厚可以御寒。他日，上问宰相："朕察拾遗夏侯孜，必贞介之士。"宰相曰："其行今之颜冉。"上嗟叹，亦效着桂管布，满朝皆仿之，此布为之骤贵也。

唐代任左拾遗的夏侯孜经常穿着广西产的布衫上朝见皇帝。开成年间，唐文宗对夏侯孜穿的衣服比较感兴趣，问夏侯孜为什么他穿的衣服显得比较粗糙。夏侯孜说这种布是广西出产的，粗厚而可以抵御寒冷。有一天，文宗问宰相："我看左拾遗夏侯孜一定是忠贞又正直的人。”宰相回答说：“他的行为就像是如今的颜回、冉有。”文宗深有同感，并像夏侯孜一样穿上广西布制成的衣裳，满朝官员也纷纷效法。广西布的价格一下变得贵起来了。

白居易曾经有一件用桂布做的新棉衣，他写诗赞美道：

桂布白似雪，吴绵软于云。
布重绵且厚，为裘有余温。

他对桂布的保暖功能称赞不已。

唐代刘禹锡写过一首《蛮子歌》：

蛮语钩辀音，蛮衣斑斓布。
熏狸掘沙鼠，时节祠盘瓠。
忽逢乘马客，恍若惊麋顾。
腰斧上高山，意行无旧路。

第一、二句写岭南人说的话不容易听得懂，穿的衣服是色彩鲜艳的布做成的；第三、四句说本地人日常饮食依靠到山里熏狸和到土里掘鼠，他们的祠堂里供奉的祖先是盘瓠；第五、六句写的是上山打猎的情景；最后两句描写他们腰间别着斧头上山，不拘于原有的道路在山间随意行走。

这是描述岭南少数民族日常生活的诗歌，其中给人留下较深印象的应该是“蛮衣斑斓布”这句诗。

明代曾任广西官员的魏濬所作《西事珥》记录了一个郁林（辖今广西除桂林、梧州两市及一部分玉林市以外的广大地区，三国后逐渐缩小）布的故事：

齐武帝乘龙舟游江中，纴越布为帆，结绿丝为帆纤，以鍮（tōu）石为足。榜人皆著郁林布，作淡黄袴，舞《估客乐》。齐郁林属所辖甚广，然今西中绝无佳布，不知当日所衣者何物。

南朝齐武帝乘坐龙舟游江，船帆是由广西布缝制的，帆纤是由绿丝织的，用黄铜做成基座。船夫们都穿郁林布做的淡黄色短衣，跳一种名叫《估客乐》的舞。当时郁林管辖的地方广阔，而如今对当时船夫穿的衣服是什么质感已无从考究。

这个故事表明，广西在魏晋南北朝时期即出产好布。

元末明初曾在广西短暂为官的杨基有一首《桂林即兴》：

曾见重华巡狩来，漓江庙宇野棠开。
山无桧柏皆岩穴，地有芝苓尽药材。
花布短衣齐膝制，竹皮长帽覆眉裁。

也应风土交州近，丹荔红椒不用栽。

首联写的是当年舜帝曾经来过岭南巡视，（如今）漓江边的舜祠外甘棠花正在盛开；颔联写桂林的山上都是洞穴没有松柏，土地上多是灵芝、茯苓这样的药材；颈联写桂林人穿的是花布制成的齐膝短衣，戴的是竹片做成的遮住眉毛的高帽；尾联写桂林的风土人情与交州相近，到处生长着荔枝、红椒这样的植物。

可以看出，当时岭南人穿的花布短衣给中原人留下了较深的印象。

广西布之所以出名，大抵还得益于广西有许多布的原材料。周去非《岭外代答》谈到这一点：

广西触处富有苎麻，触处善织布。柳布、象布，商人贸迁而闻于四方者也。静江府古县民间织布，系轴于腰而织之，其欲他干，则轴而行。意其必疏数不均，且甚慢矣。及买以日用，乃复甚佳，视他布最耐久，但其幅狭耳。原其所以然，盖以稻穰心烧灰煮布缕，而以滑石粉膏之，行梭滑而布以紧也。

广西到处都生长着苎麻，到处都有人善于织布。因为商人的贸易往来，柳州布、象州布在各地都很出名。桂林古县（今永福）老百姓织布时会将织机系在腰上，可以边走边织。为了提高布的质量，还把稻谷脱粒后的茎秆烧成灰用来煮布，又用滑石粉来润滑机器，因此，布匹变得很结实。

清雍正《广西通志》记：“象郡志云，民不事蚕桑，以绩麻织布为业。”

除了麻，棉也是广西布重要的原材料。《岭外代答》对此也有记载：

吉贝木如低小桑，枝萼类芙蓉，花之心叶皆细茸，絮长半寸许，宛如柳绵，有黑子数十。南人取其茸絮，以铁筋碾去其子，即以手握茸就纺，不烦缉绩。以之为布，最为坚善。唐史以为古贝，又以为草属。顾古、吉字讹，草、木物异，不知别有草生之古贝，非木生之吉贝耶？将微木似草，字画以疑传疑耶？雷、化、廉州及南海黎峒富有，以代丝纻。雷、化、廉州有织匹，幅长阔而洁白细密者，名曰慢吉贝；狭幅粗疏而色暗者，名曰粗吉贝。有绝细而轻软洁白，服之且耐久者。

上文所记“吉贝”其实是梵文棉花Karpasa的译音，在古时兼指棉花和木棉。周去非指出，吉贝有草本和木本之分，当时的雷州、化州、廉州等地广泛种植棉花，织品的种类也很多，用途也不同，如“慢吉贝”匹幅长阔、洁白细密，“粗吉贝”匹幅窄短、暗淡粗糙，那种细密、轻软、洁白的吉贝，做成衣服可以穿着很久。

［清］《御题棉花图·布浆》 台北故宫博物院藏

东汉杨孚《异物志》便记载有“木棉”：

木棉，树高大，其实如酒杯，皮薄，中有丝绵者，色正白，破一实，得数斤。广州、日南、交趾、合浦皆有之。

木棉，花开红艳而不媚俗，也被称为“攀枝花”“英雄树”，在广西较为常见，是崇左市的市花。现代一般认为，这种木棉的果内纤维无捻曲，不能纺纱，但耐压，可用作枕头、被褥、救生圈等的填充材料。学者容观琼在《关于我国南方棉纺织历史研究的一些问题》中有展开研究。

元代陈孚《思明州》中的第四首如此写道：

毒虫含弩满汀沙，荒草深眠十丈蛇。
遥望天边红似火，瘴云飞落木棉花。

这首诗的前两句是很令人惊悚的。“毒虫含弩满汀沙”，说的是一种叫蜮的能够在水中喷沙射人的毒虫，“荒草深眠十丈蛇”，说的是荒草中躲藏着十丈长的蛇。后两句写的正是木棉树的花，随风飘落，有如天边火红的彩云。作者把岭南的云称为瘴云，显得压抑、沉重，但一句红似火的木棉花终会把这瘴云冲淡，以强烈的色彩改变了整首诗的基调。

火红的木棉花

魏濬任广西佥事提学时，曾从梧州巡视到南宁，沿途看见圩集上没有草房，买卖都在露天进行，下雨了，百姓就在雨中交易，他根据所见写了两首诗，其中一首为：

迂回岩径转嵯峨，笑问蛮家第几窠。
入市每衣芒木布，出门时唱浪花歌。
峒丁惯筈（kuò）歼狐矢，壮女能抛织贝梭。
墟散尽投归路去，断烟半陇罥（juàn）荒萝。

山路曲折，越走越陡峭，不知到了哪个村。只见当地人赶集时穿着杧果树织的布做成的衣服，还唱着山歌。峒里的小伙子经常到山野打猎，寨里种田的女孩大都能纺织。集市结束后各自回家，各家的炊烟逐渐升起。

从这首诗可以看到，明代岭南民众的生活虽然比较原始，却充满了人间烟火气。这与诗人常见的富庶生活大相径庭，但以“窠”指代当地百姓所住房屋，不免带有戏谑及不敬之意。

1937年编印的《广西特产物品志略》曾对广西茶成为全国乃至世界名产寄予厚望，书中是这样说的："种茶以温湿地带为最适，折其土宜，约分三等：赤色而中杂砂石者为上；土色紫黑，无砂石者次之；黄白色杂真土者为下。我省地跨温热两带，温度高，雨量足，至中含铁锰，兼杂砂石之赤色冈阜，所在多有。土宜气候，既均宜于茶之滋殖，是宜精选佳种，广造茶林，期于武彝龙井衰败之余，异军特起，战胜印度锡兰，而后来居上……"

简而言之，广西的气候和土壤都最适合种茶，应该趁武夷山茶和龙井茶"衰败"的机会，精选佳种，广造茶林，战胜印度和斯里兰卡这些著名的产茶大国，成为世界最好的产茶地，打造世界知名的茶品牌。

事实上，广西不仅有极为优越的种植茶的自然环境，也曾经有过两个全国知名的茶品牌。

其一是修仁茶。周去非《岭外代答》记载了修仁茶的信息：

静江府修仁县产茶，土人制为方銙（kuǎ）。方二寸许而差厚，有“供神仙”三字者，上也；方五六寸而差薄者，次也；大而粗且薄者，下矣。修仁其名乃甚彰。煮而饮之，其色惨黑，其味严重，能愈头风。古县亦产茶，味与修仁不殊。

桂林管辖的修仁县（今荔浦）产茶，当地人（把茶）制作成茶块。两寸大而稍厚些，上面刻有“供神仙”三字的，是上品；五六寸大而稍薄些，是品质差些的；又大又粗又薄的，是下品。修仁茶名气很大。煮来喝，茶汤呈黑色，味道重，能治愈头风病。古县（今永福）也出产茶，味道与修仁县出产的茶差不多。

修仁茶名气大，大到什么程度？曾有不少人为其写过诗。

宋代李纲《饮修仁茶》：

北苑龙团久不尝，修仁茗饮亦甘芳。

夸研斗白工夫拙，辟瘴消烦气味长。

江表露芽空绝品，蜀中仙掌可同行。

从容饭罢何为者，一碗还兼一炷香。

李纲曾经在桂林为官，他对修仁茶的赞美来于自身体会，并将之与多种名茶做对比，夸赞修仁茶甘美芳香、味道醇正，并且能够消除瘴毒，江南的露芽茶已经算不上绝品，只有四川的仙掌茶才能与修仁茶媲美。

宋代孙觌（Dí）也写过《饮修仁茶》：

烟云吐长崖，风雨暗古县。

竹舆赪两肩，弛担息微倦。

茗饮初一尝，老父有芹献。

幽姿绝媚妩，著齿得瞑眩。

昏昏嗜睡翁，唤起风洒面。

亦有不平心，尽从毛孔散。

在岭南大地上挑着担子赶路，又累又困，忽然有人送来了修仁茶，喝得痛快淋漓，原来又困又累的老翁变得精神抖擞，心中的郁闷和烦躁都随着这口修仁茶消散了。

［宋］钱选《卢仝烹茶图》 台北故宫博物院藏

其二是六峒茶。六峒即如今桂林市兴安县华江瑶族乡。六峒茶产于资源、兴安之间的猫儿山。猫儿山是漓江的源头，山上遍生野茶，任人采摘。当时桂林市面上的茶叶多是六峒茶。多数人家往往是大量买下，用竹篓装好，吊在厨房灶顶，随火烟熏烤，可以多年不霉坏，而且茶味既浓且醇，比新茶更好。20世纪40年代以前，桂林规模稍大的杂货店会在门外的金字招牌上大书“京果海味，六峒细茶”。这个现象说明，广西确有过一个大力推广六峒茶的时期。

清代曾任广西巡抚的杨锡绂为六峒茶写过诗：

秋报功归广福王，停舆古庙坐回廊。
一杯顿解相如渴，龙井何如六峒香。

在杨锡绂心目中，龙井茶也比不上六峒茶香。

有“粤西诗人之冠”声誉的清朝诗人朱依真是桂林人，曾写过《六峒即事》：

野鸟当檐如款客，青山隔树欲窥人。
芦帘寂静茶烟细，领略熙皞（hào）太古春。

桂林文史专家尹文军认为这首诗写得“冲淡、平和、静谧”，写出了六峒茶的一个特点——“茶烟细”，意思是六峒茶冲泡开如《兴安县志》(2002年版)所说，“揭盖后，汽水上冲，久久不散，形似凤尾，缭绕而上，一屋清香，嗅胜于喝”。

清代著名画家张宝曾绘制《月牙远眺》图，并为之题诗：

峭壁巑岏(cuánwán)俨月牙，高亭极目望无涯。

螺峰远近堆千点，雉堞回环锁万家。

碧笋瑶簪山入画，丹枫紫柏叶如花。

道人也解游人渴，为我新煎六峒茶。

[清]张宝《月牙远眺》

好山好水出好茶，好景必须好茶伴。

此诗后来被人刻在桂林月牙山小广寒旁，可视之为六峒茶曾经显赫的见证，也可以作为广西茶励精图治的砥砺。

事实上，广西茶品牌不仅有修仁茶和六峒茶。据《广西特产物品志略》记载，彼时广西名茶还有凤山、扶南等地出产的白毛茶，龙州、靖西等地出产的苦蕢（dēng）茶，罗城出产的黄金茶，灵川出产的灵川茶，上林、武鸣出产的明山茶，龙州出产的后山茶，横县（今横州）出产的六凤茶，贺县（今贺州）出产的桂山茶，容县出产的塘冲茶，藤县出产的石洞茶，桂林出产的桂林雨前茶，岑溪出产的岑溪茶，苍梧出产的六堡茶。此外，还有西山茶、圣种茶、上磴（dèng）茶、对岭茶等。产茶地之广，几乎遍及广西。

对如今闻名遐迩的六堡茶，《广西特产物品志略》有较详细的介绍，抄录如下：

苍梧茶叶出产之盛，以多贤乡之六堡及五堡为最，六堡茶尤为著名，畅销于穗佛港澳等埠。此茶生长山中，宜于阴寒，不堪热烈，阴寒则其叶软而薄，热烈则其叶粗而厚。种茶系将种过薯芋一年之熟地，先期锄松，将茶子开坎种下，排成行列，行间每株相距约二尺，以便行动，如桑田然，盖采茶与采桑同也。茶秧既出后，年中只铲草二三次，无其他培护方法。迨六七年，茶树高而枝条丛茂，可摘取矣。茶之焙制，日间将茶苗摘取，贮之于篮，入夜置釜中炒至极软，视茶叶内含黏液，略起胶时，即提起，乘其未冻，用器揉搓，搓之愈熟，则叶愈收缩而细小，再用微火焙干，转为黑色，即成茶叶。然必弃之嫩者而后可，若摘取时叶已过老，虽揉搓而叶不卷缩，成为粗茶，不足尚矣。茶之品质，以状如米粒者为最佳，此当春分清明之交，茶芽初茁时，长仅节指，而摘取制成者，名为茶谷，其味清香而甘滑，色泽鲜明，茶之上品也。六堡茶当收成时，粤省茶商在合口圩设庄收买，再烹炼制成茶饼，甚为精致，熬而饮之，味与普洱茶同。

这段文字对六堡茶的栽培、特点及影响力进行了较为全面的介绍。

广西茶园

桂江油茶爽神汤：油茶

茶叶冲泡着喝，是多数人习以为常的饮用方式。在桂北地区，尤其是在一些少数民族当中则盛行着一种古老而别样的喝茶方式——打油茶。

如今，漫步桂林街道，随处可见油茶餐馆。打油茶，成为21世纪以来桂林餐饮的新时尚，即便是那些不以油茶命名的餐馆，也大都备有油茶，以能及时满足客人的需要。桂林的油茶，已经“波及”南宁，南宁街上也出现越来越多的油茶餐馆。

这些油茶餐馆，不少以“恭城油茶”命名，似乎给人一种油茶是恭城特有风味的感觉，然而事实并非如此。

卢德平主编的《中华文明大辞典》这样介绍打油茶：

打油茶又称“煮油茶”。汉、瑶、壮、苗等族的传统食物。流行于广西、贵州、湖南等地。其制法：将糯米蒸熟晾干后炸成米花，再将花生、豆类、绿叶茶、鱼虾肉等副食品炒、煮熟，把茶叶用油炒，加水煮成“油茶水”。食用时，每碗放些葱和绿叶菜，用滚油茶水烫之，再放入些炒煮熟的副食品即可食用。日常食用时，副食品可多可少。或只饮油茶水，或只用油茶水泡冷饮。待客时，副食品丰富多样。据说唐代已有打油茶之俗。

这段文字虽然不长，但它说清了打油茶的原料、制法和流行区域，基本把打油茶的大概说明白了。

根据这段文字可以得知，油茶并非恭城的专利，也非广西的专利，它流行于广西、贵州、湖南等地，是壮、汉、瑶、苗等多个民族的传统食物。

油茶及作料

晋朝傅咸《司隶教》中的“有蜀妪作茶粥卖”是目前发现的关于“茶粥”最早的文字记载，与今天油茶搭配米花的吃法相似，这或许可以视作油茶的起源。唐代陆羽的《茶经》曾引用三国时期张揖所著《广雅》：

荆巴间采叶作饼，叶老者饼成，以米膏出之。欲煮茗饮，先炙令赤色，捣末置瓷器中，以汤浇覆之。用葱、姜、橘子芼（mào）之。

由此推断，油茶大约在东汉末年就已出现。

我曾经翻阅不少广西古籍文献，却未曾看到明确记载“油茶”的信息。某次在翻阅广西民国报纸时，无意中读到一篇文章《谈油茶》，有趣的是，这篇发表于 1944 年的文章，其作者陈树瑶也像我一样，曾经从大量古籍文献中查找有关油茶的信息，结果也是一无所获，他这样写道：

要追问油茶产生的历史根源，也乏文献足征。像《桂林风土记》《桂海虞衡志》《岭外代答》等书是唐宋人的岭外风土实录，可是在这几部书里也找不到油茶的历史材料。此外，《广西通志》，兴、全、灌、恭、平五县县志，也无专门考证的文章。可见，桂北油茶流行的时间虽久，却一向都没被文人学者注意，以致无文献可征，实是一大憾事。

虽然该文作者陈树瑶没有在古籍文献中找到有关油茶的信息，但他这篇近两千字的《谈油茶》，对 80 年前桂林油茶的情况确有不少描述。

陈树瑶认为："喝油茶是桂北五县独有的生活方式。因限于边地，国内采风的学者很少有写到它的。"他说他走过大半个中国，除桂北五县，还没有见过喝油茶的地方。

陈树瑶所说的"桂北五县"，指的是兴安、全州、灌阳、恭城和平乐。如今桂北五县确实有喝油茶的风俗，而陈树瑶虽然没有见过，但并不等于桂北五县之外的地方就没有喝油茶的风俗。我有一位前辈，是柳州三江侗族人，她就打了一辈子油茶，如今她已经 90 岁高龄，由此我推测三江很久以前就有打油茶的风俗。

有时候人证不如物证，不久前我读到曾敏之于 1940 年 8 月写的三首小诗，其中一首正是《油茶谣》，全诗如下：

妹为送哥打油茶，油茶吃了莫恋家。

后甜先苦哟妹情愿，家中暂苦了一枝花。

妹为送哥打油茶，油茶少了白米花。

妹在山野勤开垦哟，我俩的希望苗了芽。

曾敏之专门为这首《油茶谣》做了注释，他告诉我们，油茶是桂北苗侗族平常爱吃的一种午餐，制法是用茶叶混合白米来炒，炒到焦黑，再加水煮成汤，以这种汤来煮粉面之类的东西，所以它的口感是先苦后甜的。

1932 年曾敏之曾经在当时的三江县梅寨小学担任校长，这首小诗足以证明，当时的三江有打油茶的风俗。

陈树瑶的《谈油茶》一文讨论了两个有趣的问题。

第一个是桂北五县为什么会产生油茶。

文章给出的解答是桂北五县虽地处南方，但地势较高，气候寒凉，生活在此处的人容易感冒生病，而油茶中有生姜、辣椒等物，可以暖胃驱寒，因此打油茶是特定的水土造成的风俗。这个说法如今已经被广泛认同。

第二个是桂北五县的油茶有什么异同。

由于时代久远，这篇文章里的许多文字已经无法辨认，因此我无法准确复述文章里的解释，大致的意思是恭城和平乐的油茶原料和制作方法基本相同，恭城、平乐和兴安打油茶用的都是菜锅，等等。

如今广西油茶知名度最高的应属恭城油茶，但《谈油茶》这篇文章的作者却最推崇灌阳油茶。他认为，桂北其他几县打油茶的方法都简单易行，唯有灌阳打油茶的程序较为繁难，而且别有风趣，特别是灌阳油茶的锅不是一般的菜锅，而是特制的油茶锅，圆形有嘴，中可贮水斤许。文章还专门写到灌阳油茶打好后，要由煎茶人的助手一碗一碗地端给客人。今天我们仍然可以看到灌阳油茶这个上茶程序，用今天的话说，就是“满满的仪式感”。

作者用了不少篇幅讲述灌阳油茶，可惜这部分内容字迹不清，无法在此引述。但熟悉灌阳油茶的人，如果读到这份报纸，应该能够推测出其中意思。

桂北五县油茶有什么异同？这个问题最后的结论是什么？作者写道：“在桂北五县的油茶区，灌阳的油茶最讲究。论技术论茶味都要数第一，你说它是油茶正宗亦无不可。”

如今广西各地油茶似有竞争态势，灌阳人读到这个结论，应该很高兴。

当然，陈树瑶并不是在为灌阳油茶打广告，他对桂北五县的油茶都很推崇，他在文章的引题写道：“这是桂北的生活艺术，别有风趣的小小享受。”在文章的结尾，他强调："吃油茶是桂北五县的特殊生活方式，有浓郁的地方性，有浪漫的艺术性。它的好处在俭省而便于款客，吃一锅油茶，往往可解决许多乡村问题。这可说是乡间互通情愫、联络感情的无上方略。一个地方有一个地方的生活方式、生活艺术。桂北的油茶，就是一种很有风趣的生活。"

《油茶：敲打出来的爽神汤》一书对打油茶只在桂北地区流行也进行了一番探究，除了充饥解渴、祛湿驱寒，作者认为"天寒地冻时，人们烤火取暖，围坐闲聊，打一锅油茶，喝茶助兴也算苦寒日子里的一种娱乐"。打油茶不仅仅是打油茶，更是桂北地区人们的一种生活方式。

萝卜青菜，各有所爱。广西各地的油茶各有风味、各有其美，发展至今，不同的人对不同地方的油茶已可以做到"各美其美""美美与共"。

1943年的桂林《力报》刊登了一篇名为《平乐三打》的文章，写的正是当时平乐油茶店生意兴隆的情况。在作者笔下，最初人们可以凭两毛钱享受油茶，后来凭五毛钱可以吃个饱，再后来，油茶又涨价了。虽然油茶涨价涨得厉害，但是油茶店的生意并没有受到影响，新的油茶店仍在开张，只是油茶店的客人出现了变化。过去，衣衫褴褛的人还可以光顾油茶店，油茶店可以暖和他们冻僵的身体；后来，穷人们已经失去了进入油茶店的资格，店里的客人更多地变成了穿制服的、穿拖鞋的、穿绸缎的、搽胭脂的，文章最后写道：

油茶店是一面生活镜子：在以前，仅有两毛钱的人还可以在店中照照自己那一副褴褛的可怜相，在冬天暖暖冻僵的身体；如今，这些人没有资格了。时代狂风强卷了他们这一点仅有的生活，他们被安置在更僻偏的角落里；时代的狂风又将一些幸运儿卷上了安乐乡，他们有着足够的资格在油茶店显摆，让镜子照出他们最舒适的满面红光的面庞。

如今，油茶店越来越多，在桂林以至广西，甚至在全国似有“铺张”之势，油茶的价格随着时间的推移也在水涨船高。我由衷地希望，油茶店里能够永远有大众从容的身影。

瑞露乃尽酒之妙：酒

中国各地都有酒，广西也不例外。桂林三花酒就是广西知名度较高的酒之一。桂林三花酒何时得名不得而知。该酒追溯来源，应提到宋代的瑞露，那是当时广西最著名的酒。范成大在《桂海虞衡志》有记载：

余性不能酒，士友者之饮少者莫余若。而能知酒者，亦莫余若也。顷数仕于朝，游王公贵人家，未始得见名酒。使虏至燕山，得其宫中酒号金兰者，乃大佳。燕西有金兰山，汲其泉以酿。及来桂林，而饮瑞露，乃尽酒之妙，声震湖广，则虽金兰之胜，未必能颉颃（xié háng）也。

瑞露，帅司公厨酒也。经抚厅前有井清冽，汲以酿，遂有名。今南库中自出一泉。近年只用库井，酒仍佳。

范成大自认为很少有人比他更懂酒。他在金国时，品尝过宫中很有名的金兰酒。但在范成大看来，金兰酒完全不能与桂林的瑞露酒相比，桂林的瑞露酒有酒的各种妙处，声名远播湖广。

范成大告诉我们，瑞露酒是当时桂林官府酿制的，当时官府前面有一口井，井水非常清冽，用这井和另一处泉的水酿出的瑞露酒，品质特别好。

除瑞露酒之外，广西的桑寄生酒也很著名。《百粤风土记》有记载："酒以寄生为上，官私皆用之，梧州者佳。"

这句话的意思就是在粤地桑寄生酒最好、最有名，官府和百姓都喜欢用桑寄生泡制酒，又以梧州的桑寄生酒最好。

明代曾在广西做官的张所望所著《梧浔杂佩》也有记载：

桑寄生，五岭以南，绝无霜雪，最宜树，树上多寄生，即《山海经》所谓"寓木"也。而桑寄生以入药名独著。梧之长洲饶有之。采时须令并桑枝摘取，不尔即杂以他木，莫可辨。

从上面这段文字，可以知道广西的桑寄生酒之所以好，与广西的气候有关，而广西最好的桑寄生酒，出自梧州的长洲。

桑寄生酒是利用广西出产植物泡的一种酒。广西还有不少利用广西物产制作的酒。比如蛇酒，宋代田锡《麴本草》记载："广西蛇酒，坛上有蛇数寸许，言能去风。其曲乃山中取草所造，良毒，不能无虑。"蛇酒，顾名思义，用蛇泡制的酒。广西蛇多，蛇的种类也多，以蛇泡酒，相当于就地取材。当然，这段文字也告诉我们，有的蛇是有毒的，不能不小心。

虽然蛇有毒，但蛇酒却受到人们的喜爱。请看明代黄福的《过苍梧》诗：

一棹抵苍梧，西山日欲晡。
鱼羹催仆啜，蛇酒入城沽。

乘船到达苍梧的时候已经是下午，主人已经准备好鱼汤，著名的三蛇酒也斟好了。显然，蛇酒在当时的梧州是用来招待贵宾的。

又比如红蓝酒，《粤西植物纪要》和《桂平县志》都有相关记载：

红蓝花，味辛温，无毒，主产后血晕口噤，腹内恶血不尽，绞痛，或胎死腹中，并酒煮服。桂平士人家，多以红蓝酿酒，味厚而香，且性能养人，故女子已嫁将娠，母家先期酿此酒，洗儿则饷之，人以之比女儿酒云。

上面这段文字告诉我们，在桂平，孕妇的娘家人常用一种称为红蓝花的植物泡制成红蓝酒，待婴儿三朝时拿出来饮用，人们称之为女儿酒。

还比如蛤蚧酒，20世纪50年代编印的《广西省特产》在介绍蛤蚧用途时，专门写道："为晒干浸酒，作滋阴补肾之用，功效甚大。"

桑寄生酒、红蓝酒、蛤蚧酒都是药酒，广西还有一些特别奇特的酒，比如猿酒。猿酒，若顾名思义的话，似乎是用猿猴泡制的酒，不过这个说法是错误的。清代陆祚蕃《粤西偶记》有记载：

猿酒，粤西平乐等府，山中多猿，善采百花酿酒。樵子入山，得其巢穴者，其酒多至数百石，饮之香美异常，名曰猿酒。

由此可知，猿酒不是用猿猴泡制的酒，而是猿猴采百花酿制的酒。民国时期的学者梁岵庐写过一则猿酒的短文，他用的是猴酒的标题：

山多猿猴，能酿酒。林深箐密，人迹罕至，群猴择岩石凹下处为窖，上覆以草。其酿，采山中所产酒饼草为曲，杂以金樱黄精之属。山民知其处，辄潜往取之，得酒多者，可石许，仍注水如原状；不尔，猴知见盗，不复酿矣。是间有韦氏庐墓——韦氏之先，从宋狄武襄南征，以功官指挥，并锡田土，因家邕焉。历十世，始徙田阳，中表汉平尝酌猴酒，为余言味极清醇，恨不易得。安能遗落世事，归与群猴伍，而日在醉乡中乎！

这个故事既生动又有趣，猿猴能够酿酒，已经显示了它的聪明，当人盗取了它酿制的酒之后，它还能识破人的诡计，不再酿酒，更证实了它的聪明。而猴酒的成分中有金樱子、黄精这类药材，可知猴酒品质的优异。

又有一种女酒，根据唐代文学家房千里《投荒录》：

南方人有女数岁即大酿酒。候陂水竭，置壶其中，密固其上。候女将嫁，决水取之供客，谓之女酒。味绝美，居常不可致也。

这种酒是在女儿长到几岁的时候开始酿造，用壶密封，埋在干涸的池塘下面，等到女儿出嫁之时，取出来招待客人，命名为女酒，表示对女儿出嫁的重视。

［元］赵孟𫖯《醉菊图》局部　台北故宫博物院藏

宋代梅挚在广西昭州为官时写过《昭潭十爱》，写的是昭州水、昭州土、昭州观、昭州寺、昭州路、昭州角、昭州月、昭州乐、昭州酒和昭州果。昭州酒名列第九，他写道：

我爱昭州酒，千家不禁烧。
醥（piǎo）醪一爵举，瘴雾四时消。
红叶和云踏，青帘傍水招。
化浓民自醉，鼓腹日歌尧。

在梅挚笔下，昭州人家都爱酿酒，喝酒的好处是可以抵御瘴毒。在昭州水边到处可见酒铺的青布招帘，百姓沉醉于美酒之中，吃饱穿暖得以歌颂太平盛世。

如今桂林有桂花酒。在明代，桂花酒有个很尊贵的名字——桂尊，俞安期《汝成王孙邀同退之游七星山（有引）》写到桂花酒即用此称：

桂尊携帝胄，松磴引黄冠。
空翠深同入，山形骇独看。
洞疑霞变幻，峰学斗阑干。
不耐披襟坐，玄风吐夏寒。

诗题中的汝成王孙应该是彼时桂林靖江王府的王孙，汝成应该是这位王孙的名字。俞安期是江苏人，当年专程到桂林游历，汝成曾邀请他同游七星山。诗中的桂尊即桂花酒。全诗大意是靖江王孙携带桂花酒，在道士的引导下与俞安期同游七星山；七星山树木青葱，山峰耸立；山洞里的景观如云霞一样变幻，山洞外的山峰像北斗七星一样排列；虽然是夏天并且穿着长衣，但还是不能久坐，山洞里吹出来的风让人感到寒凉。

有美景观赏，有雅士作陪，俞安期的桂林之行应该是开心的。在山水之间遨游，再品尝一下当地的桂花酒，更是别有风味，蕴藉万千。

蛤蚧

蛤蚧，如今见过的人大概不多。野生蛤蚧数量不多，已被列为国家二级保护动物。20 世纪 50 年代出版的《广西省特产》有专门关于蛤蚧的介绍：

蛤蚧，属于蜥蜴类的爬虫动物，生长于亚热带的石山中，头部似虾蟆，皮粗糙，背有鳞，体长约三四寸，尾长，有四肢，为本省著名特产之一，每当夏夜之时，常在山崖间作“哈吤、哈吤”鸣，捕者即寻声往，捕之，用马尾绳缚住竹片上，伸入石缝中，使它口咬马尾毛后即拉出而捉之，主要用途为晒干浸酒，作滋阴补肾之用。

较早记录蛤蚧的古代文献是唐代刘恂的《岭表录异》：

蛤蚧，首如虾蟆，背有细麟如蚕子，土黄色，身短尾长，多巢于榕树中。端州古墙内，有巢于厅署城楼间者。暮则鸣，自呼蛤蚧。或云：鸣一声，是一年者。里人采之，鬻于市为药，能治肺疾。医人云：药力在尾，不具者无功。

很显然，上面所引《广西省特产》的那段文字基本来自《岭表录异》。此外，古人认为，蛤蚧的药性功效主要在尾部。

[明] 文俶《金石昆虫草木状》中的蛤蚧

蛤蚧多生活于广西山区，直观地说，它外形像大壁虎，发育完全时体长约三十厘米，头呈三角形，有点像蛤蟆的头，吻端凸圆，眼大突出，全身密生细鳞，背部分布着明显的疣粒，背、头部的鳞片细小，尾鳞排成环状，尾长与体长相等，尾巴易断，断后能再生，每条重二至四两。蛤蚧喜欢居住在温暖干燥的陡峭石山洞隙中，以小虫为食，每年夏秋出洞产卵繁殖，十月后进洞冬眠。因它的叫声如“蛤——蚧”，所以就叫它蛤蚧。

清代赵翼是亲眼见过蛤蚧的，他在《檐曝杂记》中对蛤蚧的描写较为全面又真切：

> 蛤蚧，蛇身而四足，形如虩（xì）虎，身有瘢，五色俱备，其疥处又似虾蟆，最丑恶。余初入镇安，路旁见之，疑为四足蛇，甚恶之。问土人，乃知为蛤蚧也。郡衙倚山，处处有之。夜辄闻其鸣，一声曰蛤，一声曰蚧，能叫至十三声方止者乃佳。其物每一年一声，十三声则年久而有力也，能润肺补气壮阳。口咬物则至死不释，故捕者辄以小竹片嬲（niǎo）之使咬，即携以来。虽已入石缝中，亦可乘其咬而掣出也。

赵翼对蛤蚧的观察是真切的，说这种动物形象丑恶，甚至令人生厌。赵翼当时在百色做官，按他的说法，百色到处都有蛤蚧。

蛤蚧有雄雌之分。明代谢肇淛《五杂俎》记载：

蛤蚧，偶虫也。雄曰蛤，雌曰蚧，自呼其名，相随不舍。

雄虫鸣叫的声音是蛤，雌虫鸣叫的声音是蚧，合称蛤蚧。因此，古人认为蛤蚧是偶虫，“人获其雄者悬之壁间，其雌必来，合抱而死，获雌亦然”。也就是说，人们捕捉到雄蛤之后，将雄蛤悬挂在石壁间，雌蚧必定来寻雄蛤。反过来，捕到雌蚧，雄蛤也一样来寻。雌雄死生契阔，至死不渝，尤其可贵。

元代的陈孚是浙江人，曾出使安南，到过宁明，写过《思明州》五首。这五首诗写的都是宁明的风物，其中第五首写到蛤蚧：

刺竹丛丛苦笋生，山禽无数不知名。
元宵已似春深后，龙眼花开蛤蚧鸣。

刺竹林中长出丛丛苦笋，山野之中栖息着许多不知名的禽鸟；元宵早已过去春天也快结束，龙眼花开了蛤蚧也开始鸣叫了。在诗人笔下，岭南的大自然如此生机盎然，令人愉悦。

明代李敏有诗《送项子忠明府之苍梧》，从诗中可以看看他传达的又是何种心情：

白首苍梧令，逢人说瘴乡。
藤阴鸣蛤蚧，山气暗桄榔。
自昔由虞化，何嫌本粤疆。
桃花栽满县，春色胜河阳。

头发花白的苍梧令，逢人便说岭南是瘴气之乡；古藤的荫蔽下有蛤蚧的鸣叫，山中的雾气中隐现着桄榔树；八桂大地早就接受了中原文化的影响，何必认为它是偏僻遥远的边疆；桃花栽满了整个苍梧，春天的景色不输河阳（今云南澄江）之景。

在李敏的诗歌中，蛤蚧的鸣叫是美妙的，它与桃花、桄榔这些植物合在一起，让李敏感觉到岭南苍梧不再是人们心目中的瘴气之乡，呈现一片和平与繁华的景象。

桃花浪暖锦鳞肥：鱼

鱼是广西的重要物产。其中，桂平浔江鱼与合浦珍珠、容县沙田柚齐名，三者有“广西三宝”的美称。阳朔啤酒鱼、横州鱼生、灵马鲶鱼等是广西较为知名的特色菜肴。

阳朔啤酒鱼

广西水系发达，河网密布，适宜于多种鱼类栖息繁衍。因为独特的地理环境，广西生长着不少罕见的鱼，如地下河湖的洞穴鱼，以及淡水中的软骨鱼等。

唐代韦宗卿的《隐山六洞记》在描写桂林的北牖洞时写到里面的一条大鱼：

桂林郡……洞虚潭幽，其水泼墨，中有巨鱼，可三四尺，镂鳞铲甲，朱鬣赪尾。人或见者，龙以敬之。

这条大鱼长一米左右，鳞片看起来坚硬无比，红鬣赤尾。当时的人们若是看见了，会把它当作龙来看待。

明代邝露的《赤雅》记载了一些水生动物，有些颇具传说色彩。较为写实的“藤江鲭鱼”对鱼胆的功用进行了着重描写。

藤江鲭鱼，形象草鲩，色青黑，大者百余斤，取用钩筒。其胆治目，功比空青。鱼大胆小者上上，鱼大胆大者上中，鱼小胆大者中下矣。渔者得鱼，到县亲剖，官税其胆，始敢出市，私开者杖。今之售者，皆以鲩胆灌黄藤膏，伪为之耳。黄藤，亦行血去翳也，辨之不精，必见笑于鱼目。

鲭鱼胆的功效类似于中药材空青，能治疗眼部疾病。一些人“鱼目混珠”，用鲩鱼胆灌入具有清热解毒效果的黄藤膏，伪造成鲭鱼胆进行售卖。

清代陈梦雷、蒋廷锡的《古今图书集成·梧州府物产考》也有“鲭鱼，胆治火眼”的记载。

邝露还对唐代《酉阳杂俎》提及的“印鱼”进行了补充：

印鱼，方额有印文，类竹叶符，鸣如钟钮，长尺有三寸。巨鱼将死，以印封之。予在龙门滩，爱其神怪，市而放之，献者勿识也。

这里的“龙门滩”按蓝鸿恩《赤雅考释》，应为今广西横州的伏波滩。

南宋周去非的《岭外代答》有不少关于鱼的记载，其中有一个故事：

春水发生，鲟鳇大鱼，自南海入江，至浔、象之境，龙门之下，或为渔网所得。余东归，将至番禺，有蜑（dàn）急棹就舟，絷（zhí）二鲟鳇求售，大者长六尺，小者四尺，修鼻侈腮，目隐于颐，身无细鳞，上各有锋刃，与凡鱼不同。恻然念曰：“神龙之稚，乃受制于人如此哉！”问：“所需几何？”曰：“四百。”既市而纵焉。始则举首出水，少焉扬鬐（qí）掉尾，复举首似顾，悠然而逝矣。

春天发水的季节，鲟鳇大鱼从南海进入岭南的河流，到了贵港、来宾境内，在柳江龙门那个地方，被渔民用渔网捕到了。“我”当时正在回广东的路上，已经快走到番禺，有一个渔民快速靠近“我”乘坐的船，拿着两条鲟鳇鱼想卖给我们。其中大的长六尺，小的长四尺，长鼻大腮，嘴巴隐藏在腮后面，鱼身上没有细鳞，有被刀刃伤害留下的痕迹，与普通鱼不太相同。“我”同情地感叹道：“这是小神龙啊，却受到人们如此的伤害！”问卖鱼的人：“需要多少钱？”渔民说：“四百钱。”“我”花四百钱买下，并将其放生河里。刚入河的时候，鲟鳇鱼伸头出水，不一会儿，就扬须掉头，离开的时候，还伸着脑袋好像在回望的样子，又过了一会儿，就看不见了。

周去非还写过漓江里的鱼：

竹鱼出漓水，状似青鱼，味如鳜鱼。鰕鱼亦出漓水，肉白而丰，味似鰕而松美。大抵南中鱼品，如鲤鲫者甚多，而鰕、竹二鱼为珍。

相对鲟鳇这种珍奇的鱼，竹鱼、鰕鱼就比较平凡了，周去非主要是从美食的角度去写它们。

广西好山好水，美味的鱼自然不少。据清嘉庆《广西通志》，《方舆胜览》记载："鱼，象州水清鱼肥，为南方之最。"《府志》有："香草鱼，出象州香草江中，以江岸皆香草，鱼食之，味美。"《金志》有："玉钩鱼，出柳江，鳞脊文理似鲤状，而首独异，上唇宽三寸许，曲于钩，白于玉，因名。"《府志》还有："嘉鱼，似鲥，小而多脂，横州天窟山岩外有潭，秋冬初多出，味尤鲜美，诸属产者不及。"

关于嘉鱼，宋代时，人们会把它做成腌鱼，用于款待客人。范成大的《桂海虞衡志》这样描述：

嘉鱼，状如鲥而多脂，味极美，梧州人以为鲊饷。

唐代刘恂的《岭表录异》已有记载：

苍梧戎县江水口出嘉鱼，似鳟而肥美，众鱼莫及。每炙食，以芭蕉隔火，恐脂滴火中也。又可为脡。

人们在烤鱼的时候，用芭蕉叶把嘉鱼包起来，以防鱼肉富含的油脂流出来滴到火里。还可以把鱼肉制成鱼干。

可见早在千年前，嘉鱼已为人所知，且做法丰富，其味美受人喜爱。

直白表现鱼的鲜美的诗歌有明代韩雍的《桂江鲫鱼甚巨且美，食之有作》：

桂江霜鲫长如许，绝似松江一尺鲈。
鲫美终非故乡物，临风长啸忆三吴。

韩雍是江苏人，他的家乡是典型的“鱼米之乡”，他到广西为官，桂江鲫鱼之肥大鲜美让他想起了家乡的鲈鱼。

早在宋代，张栻就在《六月二十六日秀青亭初成，与客同集》中表达过类似的思乡之情：

亭成胜日好风光，佳客携将共一觞。
苍壁插空千古色，高松荫堤三伏凉。
网鱼缕脍寒水玉，剥莲煮鼎甘露浆。
便觉故园浑在眼，只应漓水似潇湘。

这首诗写于桂林，大约是在桂林新建了一个秀青亭，亭成之后，张栻约了一群好友到秀青亭聚会喝酒，当时应该是夏天，秀青亭大约是在山中，所以张栻说“苍壁插空千古色，高松荫堤三伏凉”。接下来的两句专门写鱼，“网鱼缕脍寒水玉，剥莲煮鼎甘露浆”，意思是刚网到的鱼切成丝片，犹如浸在冰水中的玉石，剥开莲子放入鼎锅里熬煮，汤水有如甘露浆一般香醇。用莲子熬汤煮鱼，当然美味。最后两句“便觉故园浑在眼，只应漓水似潇湘”，美景兼美食，对张栻而言，桂林与他的家乡衡阳也没什么两样了。

［宋］刘寀《群鱼戏荇图》局部　台北故宫博物院藏

古代广西总体而言是贫瘠的，但有些地方也比较富庶，给人“鱼米之乡”的感觉。元代麦澂（Chéng）《藤江》一诗写藤江：

桃花浪暖锦鳞肥，白发渔翁罢钓归。

柳底系船篷底坐，满前鸥鹭已忘机。

桃花烂漫的暖春里，一位白发渔翁垂钓完毕准备返家。船系在柳树上，人坐在船篷底，眼前满是鸥鹭，这种悠闲的情景令人忘掉了现实中的种种。“鸥鹭忘机”出自《列子》，说的是有个人很喜欢海鸥，到海上时和他嬉戏的海鸥络绎不绝。某次他父亲让他捉几只海鸥回来，他第二天到海上后，海鸥却只在空中飞翔，不再飞到他身边了。这个典故指人若无巧诈之心，异类自可亲近。

明代俞安期《舟行自桂林至昭州杂述》的第一首更是借鱼市写出了当时广西昭州的繁荣景象：

日出江雾低，苍凉泛江水。
岸岸人趁墟，滩滩渔入市。

沿江到处都有人在赶圩，每个滩头都有鲜鱼入市，这种繁荣景象当然会让当地官员开心。

看到诗人笔下这种喜人的场面，今天的广西人更应该努力将广西打造成现代繁华的“鱼米之乡”。

不吃不知天下美：桂林米粉

桂林米粉出名很早，齐白石曾作诗：

> 粉名马肉播天涯，粥号鱼生美且佳。
> 世味饱尝思饮水，几曾经过会仙来。

这首诗写了两种桂林食品——马肉粉和鱼生粥，二者在齐白石看来皆是美味佳肴。齐白石到桂林时是1905年，按照他的说法，当时桂林的马肉粉已经名满天下了。

据1992年的《广西通志》记载，民间有“到桂林不吃马肉粉，不算到桂林”的说法，可见马肉粉在历史上确是“名粉”。相较于其他几种按两卖、用大碗盛的传统桂林米粉，马肉粉是用茶盏大的小碗盛的，一说是因为喝汤要趁热，一说是因为摊主沿街售卖时特地分成了小碗以降低价格。

小碗马肉粉

2011 年，我们团队开展了一次广西文化符号影响力调查，根据统计结果，桂林米粉排名第 9，成为影响力巨大的十大广西文化符号之一。值得补充的是，如今风靡全国的柳州螺蛳粉，当时排名第 21。

有朋友询问，桂林人为什么爱吃米粉？我想，不仅桂林人爱吃米粉，广西其他地方的人，还有湖南人、江西人、云南人、贵州人、广东人等都爱吃米粉，只是不同地方叫法不同。米食和面食是主食的两大类型，米粉与面条，是对应米与面的两种主要快餐。因此，南方人爱吃米粉，就相当于爱吃米制作的快餐，合情合理。

探寻“米粉”的历史，人们多引用北魏贾思勰《齐民要术》的记载：

用秫（shú）稻米，绢罗之。蜜和水，水蜜中半，以和米屑。厚薄令竹杓中下，先试，不下，更与水蜜。作竹杓，容一升许，其下节，概（jì）作孔。竹杓中下沥五升铛里，膏脂煮之熟，三分之一铛中也。

秫稻米就是糯米，说的是把糯米糊、蜂蜜、清水调和制作，放进打有小孔的竹筒，再将从孔中漏出的线状物放入油锅中煮熟。

具体到“桂林米粉”，可以从《灵川县志》“米粉店村”条目中窥见一二：

公元1341年间，秦姓人从小水村迁此定居，设一小店，经营米粉，久之发展为村庄，故名米粉店。

桂林米粉多年来发展成一种著名的小吃有很多原因，最重要的一个是桂林米粉本身的品质。1942年出版的《桂林市指南》一书，专门介绍了几种桂林食品，第一种就是桂林米粉，书中这样写道：

桂林米粉是负盛名的，只要是踏进过桂林的人，没有不要尝尝桂林的米粉，在本省邕、柳、梧等地，虽亦有桂林米粉可吃，但却没有桂林的当地米粉这样的滋美味道，桂林的米粉，最重要的是在它的米粉线条的细软韧适，其次便是卤水，卤水是造成米粉味美的最要物质，当煮卤水时，香料和盐味要配合得宜。否则便使味道失之过苦，或是咸淡失调，这样加进米粉里便觉得“味同嚼蜡”了。可是桂林的米粉，无论是哪一间米粉店，或者是设摊摆卖的其卤水都是特别的味美。一碗米粉在手，把粉条夹进口里，便觉得不油不腻，不硬不渣，一口味爽，满颊生香，实在是桂林米粉所以驰名遐迩的原因。

至于米粉的种类，可多着啦，有牛肉的、猪肉的、牛腩的……但不管是哪一种米粉，因为卤水好的原因，没有一种不是颇为可口的。

马肉米粉，许是桂林的特产吧！它是在每一年的冬季，方才出在市上的。它和别的米粉不同，是用很小的碗来盛的，在以前仅仅是几个湖南大铜元一碗而已，但现在可要国币四毛。吃马肉米粉须要趁热，越热便越爽口。倘若是腊过的马肉，那么其味更是无穷。不过这种味道，如果你不和老板谈得来，那是很难尝得到的。

以上文字告诉我们，桂林米粉的特别之处，一在米粉线条的细软韧适，二在卤水的香料配合。这两点，是桂林米粉赢得食客的制胜法宝。

桂林米粉线条何以细软韧适？有人认为与桂林的稻米和漓江的水有关。这是桂林米粉之所以成为桂林米粉的核心价值。如今全国许多地方都有桂林米粉，但桂林人总是说外地的桂林米粉不地道，就是因为米粉的原材料不是桂林的稻米和漓江的水。

卤水的香料配合，则是桂林各家米粉的秘密武器。据说桂林米粉的卤水由数十种原料配制而成，不仅有激活味蕾的妙用，而且有养生健体的功能。我无法判断这些说法是否确切，但外地的桂林米粉不如本地的桂林米粉好吃，似乎是所有桂林米粉热爱者公认的事实。下面这段萧萧写于1937年的文字谈桂林米粉何以“独步”，与上面《桂林市指南》的说法大同小异：

> 桂林米粉也是独步的佳品。这物事其他地方也未尝无有，无奈总赶不上桂林。这原因也难以言喻，大概吃的既多，做的就精，而桂林人天生聪明，对于调味，不免特有所长。而这些特长，一来是只可以意会的艺术，二来是祖传秘方，所以就只有桂林独擅其美了。
>
> 马肉米粉是有季节性的，因为大家都相信马肉性热，只有在秋冬寒天人们才受得住。这米粉的特色是

碗小而汤热。每碗不过一两口就完了，所以吃马肉米粉起码十来碗。

没有季节性的米粉，是以猪牛鱼肉做配料的，也有许多名目：如冒热，是没有汤的；原汤，牛腩是有汤的；近来加了一点广东气味，新兴一种吃法，叫做过桥粉。其法是一切肉类配料，统是生的，临吃时才放进有热汤的碗里，再把米粉拌进去。

桂林米粉何以有名？个人觉得有三个原因。

第一个原因，是桂林在历史上曾经很长时间是广西省会，桂林米粉作为地方小吃自然能够代表广西水平，在广西具有较大影响力。

第二个原因，是抗日战争时期，桂林在长达六年的时间里，扮演了抗战文化城的角色，全国各地文化人云集桂林，从事抗战文化活动。文化人最大的才能就是文化传承与文化传播，桂林米粉的名气因而很容易借此机遇被传播到全国各地。事实也正是如此，引录两段当时在桂林定居或旅行的外省文化人关于桂林米粉的文字作为佐证。

第一段为沈翔云所写：

当地唯一的点心就是“米粉”，米粉是米浆蒸熟，榨成筷子粗一般的条状，于是放些卤味、卤汁、熟油、榨豆子和辣椒，就可以吃了。米粉有普通米粉和马肉米粉两种，普通米粉的配菜是猪肉牛肉或猪牛的肝肚之类，一年四季，从早到晚都有卖；有米粉馆，还有流动的米粉担子，花两毛钱就可以买一碗来果腹了。马肉米粉在秋天以后才有卖，纯粹用马肉或马肝马肚来做配料，吃法很特别，盛马肉米粉的碗只有茶杯一样大，一碗米粉两口就光了。当你吃完一碗之后，接着就马上送来一碗，不停地吃，也就不停地送着，直到吃饱了关照不要才停止。最有趣的是一面吃桌上的空碗一面增加高度，食后依碗数结账，普通五分一碗，一人吃二三十碗不足为奇。相反的，若是怕难为情只吃三五碗，也许有人笑你是洋盘呢。

我曾向老一辈桂林人求证这段文字提到的马肉米粉吃法，确实如此。但马肉米粉现如今在桂林似乎已不如彼时风靡，吃法也不再是二三十碗的饔飧作风。

第二段为熊佛西所写：

……米粉，堪与贵阳的肠肝粉媲美，我最喜悦新华戏院隔壁又益谦的牛肉汤粉，真是鲜美绝伦！而此间闻名的马肉粉我倒觉得其味平平，不过其吃法颇特别：小碗里放着稀稀的几根米粉，清汤中清着两片薄薄的马肉，一点葱花，少许胡椒，一角五分钱一碗，一人有时可以吃三四十碗。

桂林的米粉担子特别多，几乎到处都是，假使你在晴天的夜晚到中正桥巡礼一趟，你必发现桥头马路旁边尽陈列着米粉担子或果摊，每个担子上挂着一盏油灯，远远地望去非常美观。

熊佛西这样的知名作家，其文字精妙传神，意境悠远，颇有感人的力量，对桂林米粉的传播，当然有极大的效果。

第三个原因，是桂林作为旅游城市的影响力。桂林作为知名旅游地，已有数百年的历史，到过桂林旅游的人数以十亿计。桂林米粉既可以作为早餐食品又可以作为正餐食品，为旅游者充饥果腹带来极大的方便，当然，也为旅游者品尝地方风味、体验地方风情提供了便捷的方式。

说起桂林米粉，难免会探寻所谓正宗的桂林米粉。就我个人的经历，童年、少年时代吃的都是汤粉。直至 20 世纪 80 年代以后，卤菜粉逐渐增多。如果以我个人的经验为标准，汤粉就是正宗的桂林米粉。然而，据我所知，大多数桂林人似乎更喜欢卤菜粉，并且视卤菜粉为桂林米粉的正宗。什么叫卤菜粉？就是由锅烧、卤牛肉、油炸黄豆等为配料的冒热米粉。近几年，有人推出桂林米粉老四样，即马肉粉、卤菜粉、原汤粉、牛腩粉。如今，这四种米粉中，卤菜粉、原汤粉、牛腩粉在桂林街巷很容易吃到，而马肉粉则不容易吃到。

马肉粉无疑是桂林米粉中最有特色的品种。首先，马肉这种配料较为罕见；其次，马肉粉的吃法比较独特。在上述引文中，我们可以看到，一个人吃马肉粉一次能吃数十碗，不过，每碗中只有几根米粉和几片薄马肉，但绝大多数人都觉得马肉粉最好吃。再引一段抗战时期的文字：

桂林人主要的零食叫做米粉，米粉的种类有牛肉米粉、叉烧米粉、卤肉米粉，最特别的要算马肉米粉了。吃马肉米粉的碗，只像一个小碟子，所以一个人吃起来总是几十碗，其味无穷，说起来真要使你垂涎三尺呢。

桂林马肉粉，以1932年创办的又益轩最为著名。又益轩老板李秉清的妻子洪顺英曾口述《又益轩马肉米粉》，介绍了马肉米粉的做法：

宰马之后，留出一部分腊挂起来，遇天气温热，必须油泡，因为卖时每碗所放的八片马肉中，有一片是腊挂过的，其余七片是新鲜的。每片大小，大约是长三厘米，宽二厘米，厚约二至三毫米，八片共重约五钱。米粉是普通一两的五分之一，预先托人做成的。加上芫须、大蒜丝和盐，备有辣椒和味精，随顾客所喜自放。全用猪肉骨头汤。八片马肉，是经过油炸后放入碗内的热汤而食的。

这种马肉米粉的味道，纯香异奇，不同一般，既为猪肉米粉所不及，也比牛肉米粉更鲜美，天气越冷，味道越好，火锅越热，吃来越鲜，但绝对不能放酱油，否则，就有酸味。

印象中，20世纪80年代又益轩米粉店恢复开张，但其马肉粉显然已经没有抗战时期的口碑声誉。

根据我所读到的抗战时期有关桂林米粉的文字，可以确认，抗战时期的桂林米粉有百花齐放的特点。配料中，可以有猪肉、牛肉、马肉，甚至鱼肉和狗肉，可以是鲜肉、卤肉、腊肉。而桂林米粉之所以味道鲜美，固然有桂林人的聪明才智的因素，但也离不开外省人的智慧加持。比如上面萧萧的文字，就专门说到桂林米粉加入了广东的口味，他所举之例为“过桥粉”，我猜想，当时的桂林米粉可能既有适应广东人口味的，也有学习云南人方法的。也就是说，抗战时期的桂林米粉，既保留有桂林本土的原料工艺，也有对外省人的口味适应，还有对外省米粉制作方法的借鉴。多种因素，使得桂林米粉能够赢得最大多数本地人与外来者的喜爱，从而获得全国性的口碑声誉。

如今，桂林的大街小巷最多的仍然是米粉店。老东江、崇善、明桂、胜利、神卤、秋林、刘伯娘、四眼担子等都是当地众所周知的桂林米粉品牌。每个店都不大，每天早晨，店里坐着、站着的客人都很多，能找到一个座位是客人的幸运。常常是排十多分钟的队，吃几分钟的米粉。老东江卖米粉的老太太，手脚之利索，年轻人也无法与之相比。米粉或许是最省时间的小吃，一碗米粉，两三分钟吃完是常事。即便如此，那些受欢迎的米粉店，仍然是人头攒动，食客盈门。当然，桂林著名的米粉店远不止城区里的这些品牌，远离闹市，工厂的门外、郊外的路上、村庄的农家里，都可能有远近闻名的米粉店。这些米粉店从来不打广告，只凭着口碑吸引附近或远方的客人。桂林人有不少米粉的“粉丝”，他们有一种特殊的爱好，那就是要吃遍桂林好吃的米粉。于是，桂林的米粉店，真正

卤菜粉

是"八仙过海，各显神通"。粉香不怕巷子深，在当今时代，米粉店即便隐藏在小巷深处，仍然可能赢得八方来客；哪怕坐落在偏僻村庄，同样可能吸引食客光临。

面对美食，人们一方面追求原始正宗，所谓"不忘初心"；另一方面又希望广泛适应，所谓"有容乃大"。两者其实并不矛盾。原始正宗并不意味着刻舟求剑、缘木求鱼，而是意味着正心诚意、精益求精。与此同时，海纳百川、兼容并包、与时俱进、锐意创新，则是美食的生存发展之道。从多年的演变历程可以看到，桂林米粉也不例外。

青春版话剧《花桥荣记》演出结束后，许多观众会去寻找一家米粉店，吃上一碗米粉，以获得精神食粮和物质食粮的双丰收。这种深夜观剧后的米粉宴，成为近年来的桂林一景。有一首主题歌贯穿话剧，歌词仅四句，却传达了深婉的桂林米粉乡愁：

那双筷子还在老家筷筒，
那碗米粉还在老家碗中，
那扇老门还在梦里打开，
那个味道还在老家等我重逢。

珍珠是珍贵的饰物，是健康、纯洁、富有、幸福、美好的象征。

广西北部湾海域盛产珍珠，其中以合浦珍珠最为著名。因北部湾属于南海，因此，合浦珍珠又被称为“南珠”。在世界珠宝市场，素有“东珠不如西珠，西珠不如南珠”的说法，可见合浦珍珠品质之优秀。

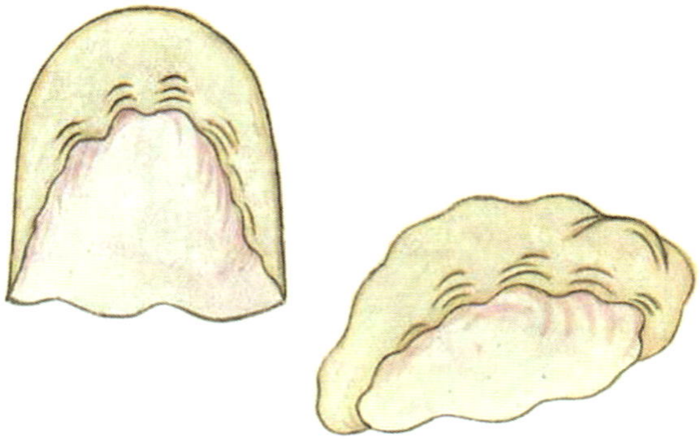

［明］文俶《金石昆虫草木状》中的廉州真珠牡

合浦珍珠历史悠久，举世闻名，有成语“珠还合浦”。这个成语故事出自南朝范晔的《后汉书》：

（合浦）郡不产谷实，而海出珠宝，与交趾比境，常通商贩，贸籴粮食。先时宰守并多贪秽，诡人采求，不知纪极，珠遂渐徙于交趾郡界。于是行旅不至，人物无资，贫者饿死于道。尝到官，革易前敝，求民病利。曾未逾岁，去珠复还，百姓皆反其业。

大意是合浦不产粮食产珠宝，与交趾接壤，互通贸易，合浦百姓用珍珠所获利润购买交趾的粮食。当地官员贪得无厌，迫使百姓过度采珠，导致产珍珠的贝类逐渐迁移到交趾地界，结果当地商业停滞，百姓没有物资，穷人饿死在路上。孟尝上任后，扫除前任官员的恶政，保护珠贝资源，不到一年的时间，贝类又回到合浦，珍珠失而复得，百姓也回归了采珠业。

珍珠怎么算好，珍珠如何价高？清代赵翼在《檐曝杂记》中以一则笔记回答了这两个问题。其中说道：“品珠先论形体，稍有欹侧及皱纹，弗贵也。珠又多疵，体或圆矣，而有一二点黄晕，又珠之累也。圆而无疵矣，又须有精光，乃为上品。”即品鉴珍珠的优劣，首先看形体，体圆且无疵，算是满足了形体的要求；其次看光泽，圆而无疵又有精光，就是上品。上品之中，重一分，价格增上千金，再重一分，价格又成倍增长。珍珠之所以如此贵重，是因为好珍珠都是百里挑一的。赵翼在岭南长达一年时间，也未曾见过传说中的夜明珠。

珍珠如此珍贵，但采珠人却并未因此富足。因此，古代许多诗人写诗为采珠人的不幸抱不平。

唐代诗人王建的《海人谣》：

海人无家海里住，采珠役象为岁赋。
恶波横天山塞路，未央宫中常满库。

采珠人生活的苦难主要来自官府的岁赋。在诗里，采珠人的苦难与皇宫的奢华形成对比。皇宫的奢华来自无数采珠人的艰辛付出，而采珠人的苦难恰好又来自皇室制定的岁赋规则。

唐代诗人元稹的《采珠行》：

海波无底珠沉海，采珠之人判死采。
万人判死一得珠，斛量买婢人何在。
年年采珠珠避人，今年采珠由海神。
海神采珠珠尽死，死尽明珠空海水。
珠为海物海属神，神今自采何况人。

珍珠隐藏在大海深处，采珠人为采珠九死一生；万人采珠一人得珠，用珍珠买奴婢的人不复存在；年年采珠，珍珠开始躲避人，今年采珠只能听凭海神；海神采珠的结果是珠贝死光，明珠死光空剩海水；珠贝是海的产物只能由海神主宰，如今海神都亲自采珠，哪里轮得到人？

诗歌既写到采珠人的苦难，也写到海神对人类无节制采珠的报复。

明代曾任廉州知府的饶秉鉴写有《南浦生珠》：

南浦茫茫接海洋，明珠海底久珍藏。
贝宫漫说生明月，鲛宝宁知有夜光。
瑞采晓胜波潋滟，蚌胎时吐水苍茫。
也知至宝难长晦，万斛于今拥帝旁。

南浦茫茫与海洋相连，明珠隐藏海底不为人知；在海底的宫殿生出了明月，那是珍珠夜晚发出的光芒；珍珠的光芒胜过潋滟的波光，它终究会离开蚌胎脱离大海的苍茫；有价值的宝藏终究是不会被埋没的，就好像各式各样的宝珠被引荐至皇帝身旁。

珍珠仿佛珍贵的人才，作者认为人才不会被埋没。看来作者仕途比较顺利，精神比较乐观。

最后介绍一首明代著名戏剧家汤显祖的《阳江避热入海，至涠洲。夜看珠池作，寄郭廉州》：

春县城犹热，高州海似凉。
地倾雷转侧，天入斗微茫。
薄梦游空影，浮生出太荒。
乌艚藏黑鬼，竹节向龙王。
日射涠洲郭，风斜别岛洋。
交池悬宝藏，长夜发珠光。
闪闪星河白，盈盈烟雾黄。
气如虹玉迥，影似烛银长。
为映吴梅福，回看汉孟尝。
弄绡殊有泣，盘露滴君裳。

当时汤显祖从阳江乘船入海去徐闻，途经涠洲岛，透过篷窗看到雷州半岛的地貌和天空的景色。这种飘浮不定、如梦似幻的景象令诗人想到自己的人生处境；社会环境出现了重大变化，但自己的忠贞与节操仍然不改；终于登上涠洲岛，看到烟波里的斜阳岛；涠洲岛附近的交池隐藏着珠宝，漫漫长夜发出珠光；珠光与海水融合犹如灿烂的星河，雾气缭绕显得神秘莫测；自己的品格就像海里的珠光，在鱼龙混杂的状态中仍然执着；诗人自己就像是行踪漂泊的梅福，友人郭廷良就像公正廉洁的有识之士孟尝；处境是如此困厄，个人也只能洞明世事，期待变化的到来。

汤显祖通过描写北部湾海域的景观以及珍珠的奇异，抒发了自己对世事人生的理解和感悟，表现出对美好品格的执着和坚守。

［宋］刘松年《海珍图卷》中的合浦含珠　台北故宫博物院藏

铜鼓声喧夜赛神：

铜鼓

铜鼓在广西的地位非同寻常。

它是中国古代南方一些少数民族所使用的重器、乐器，是我国珍贵的文化遗产。1943 年，学者陈志良在《铜鼓研究发凡》一文中指出，“（铜鼓）这个重要课题之研究，已经不单独是我国的光荣，而形成为世界性的学术了”。

这里介绍器物意义上的铜鼓。

最早记载铜鼓的古籍《后汉书·马援传》写道：“援好骑，善别名马，于交趾得骆越铜鼓，乃铸为马式。”

唐代刘恂的《岭表录异》有一段关于铜鼓的文字：

蛮夷之乐，有铜鼓焉。形如腰鼓，而一头有面。鼓面圆二尺许，面与身连，全用铜铸。其身遍有虫鱼花草之状，通体均匀，厚二分以外，炉铸之妙，实为奇巧。击之响亮，不下鸣鼍（tuó）。贞元中，骠国进乐，有玉螺铜鼓。即知南蛮酋首之家，皆有此鼓也。咸通末，幽州张直方贬龚州刺史。到任后，修葺州城，因掘土得一铜鼓，载以归京。到襄汉，以为无用之物，遂舍于延庆禅院，用代木鱼，悬于斋室。今见存焉。僖宗朝，郑絪镇番禺日，有林蔼者，为高州太守。有乡墅小儿，因牧牛闻田中有蛤鸣，牧童遂捕之。蛤跃入一穴，遂掘之深大，即蛮酋冢也。蛤乃无踪，穴中得一铜鼓，其色翠绿，土蚀数处损阙，其上隐起，多铸蛙黾之状。疑其鸣蛤即鼓精也。遂状其缘由，纳于广帅，悬于武库，今尚存焉。

这段文字的大意如下：

少数民族的乐器中有铜鼓。铜鼓形如腰鼓，一头为面。铜鼓的面为圆形，直径约两尺，面与身相连，全用铜铸成。铜鼓的全身都绘制有花草虫鱼，全身都很均匀，厚度约二分，铸造得很巧妙。打击铜鼓时，声音十分响亮，不下于扬子鳄皮所制的鼓声。贞元时期，骠国进贡的乐器中就有玉螺铜鼓。由此可知岭南少数民族首领的家中都有铜鼓。咸通末年，幽州的张直方被贬为龚州刺史，上任后，修缮州城，挖土时发现一个铜鼓，运到京城。

襄汉时期，认为这个铜鼓是无用之物，给了延庆禅院，悬挂在斋房里，用来代替木鱼。如今还存放在那里。僖宗时期，郑絪到岭南做官，林蔼做高州太守。有一个乡村小孩，放牛时听到稻田里有蛤蚧的叫声，小孩就去捕捉它。蛤蚧跳到一个地洞里，挖开发现里面又深又广，竟是一个少数民族首领的坟墓。蛤蚧不见踪影，但在墓里发现一面铜鼓，颜色翠绿，有几处被泥土腐蚀的地方有损缺，上面有突起的地方，大多数铸成蛙的形状。人们怀疑那个鸣叫的蛤蚧就是铜鼓精。于是就说明它的由来，将它进献给岭南最高官员，将它悬挂在兵器库里，如今依然存在那里。

［东汉］立蛙纹鼓　台北故宫博物院藏

这段文字既说明了铜鼓的形状，也说明了铜鼓的价值，并通过一个小故事，把铜鼓的来历及其神秘性做了渲染，读起来引人入胜。

铜鼓不仅神秘而且神奇，明代张穆的《异录闻》就记载了很神奇的一件事：

铜鼓，昔马伏波征蛮物，以山溪易雨，因制之。一悬之梧州镇府左廊。昔沉潭中，声震十里，鼓出遂无怒波，人言其为祟，今舟赖以无险。

铜鼓在潭水中，潭波声震十里；铜鼓出潭，潭波不兴；当人们将铜鼓供奉之后，行船变得安全。

《宋史》有一段关于铜鼓的记载：

徽宗大观二年，融州蛮，其族铸铜为大鼓，初成，悬庭中，置酒以召同类。争以金银为大钗叩鼓，去则以钗遗主人。相攻击，鸣鼓以集众，号有鼓者为都老，众推服之。

明代邝露《赤雅》对铜鼓的乐器功能写得近乎传奇：

伏波铜鼓，深三尺许，面径三尺五寸，旁围渐缩如腰形，复微展而稍弇其口。锦纹精古，翡翠焕发。

鼓面环绕作蛙黾十数，昂首欲跳。中受击处，平厚如镜。两粤、滇、黔皆有之。东粤则悬于南海神庙。西粤则悬于制府厅事。东粤二鼓，高广倍之，雌雄互应。夷俗赛神宴客，时时击之，重赀求购，多至千牛。制度同而小过半者，诸葛鼓也，价差别矣。

前面有关铜鼓形状的内容与《岭表录异》大致相同，后面写到岭南少数民族在赛神宴客的时候，经常敲击铜鼓。由此可见，铜鼓是岭南少数民族较为重要的乐器之一。

上面所引文字，还写到铜鼓多放置于官府、神庙，被贵族、官员收藏，价格高，地位崇。明代乐明盛的《双获铜鼓记》更是认为铜鼓“此神明所呵护，宜归之圣神”。

铜鼓在广西影响深远，而广西很多地方以铜鼓命名，博白有铜鼓潭，廉州有铜鼓塘，钦州有铜鼓村，灵山有铜鼓岭，容县有铜鼓村，桂平有铜鼓滩，昭平有铜鼓圩，桂林有铜鼓山。

其中，桂平的铜鼓滩或许最为著名，明代钱薇曾写过《铜鼓滩》一诗，全诗如下：

路出清浔铜鼓滩，天风吹棹度汪澜。

高江神禹应难凿，古郡秦皇未许官。
椎髻语言殊不白，花枝浓淡自含丹。
欲知同轨称王会，随处夷歌汉网宽。

铜鼓滩的命名正是因为马援的故事。相传当初马援南征，到了桂平此滩，正好遇见两个铜鼓跃入水中，因此取名铜鼓滩。

这首诗大意为：赶路经过桂平的铜鼓滩，渡河的时候正好遇上大风大浪；如此大的风浪，当年大禹都应该难以治理，因此，桂平未曾出现像秦代史禄那样的水利官员；桂平百姓的形象和语言都与中原不同，有的浓妆有的素颜，各有各的美；如果当地的少数民族都归附朝廷，那么对待他们的政策法令一定会优厚宽仁。

传说铜鼓与马援和诸葛亮有关，意味着铜鼓与军事有关。钱薇写《铜鼓滩》，表达的是对八桂大地和平教化的期待。

铜鼓与军事相关的时候，是那么肃杀瑟萧；当它与娱乐相关的时候，带给人的则是欢乐的感觉。明代解缙写过《龙州》四首，第二首写到铜鼓：

波罗蜜树满城闉（yīn），铜鼓声喧夜赛神。

黄帽葛衣墟市客，青裙锦带冶游人。

城里城外都是波罗蜜树，大街小巷神祇出巡；圩上的客人都是黄帽葛衣，青色的裙子，织锦的飘带，到处都是游春的人。

当战争远离广西，春天降临，八桂大地的民众抬着铜鼓，走街串巷，欢天喜地，其乐融融。

[西汉]翔鹭纹铜鼓　广西壮族自治区博物馆藏

如今，随着社会的发展，关于铜鼓神秘神奇的想象逐渐淡化，但铜鼓在广西仍然有其象征意义，它象征吉祥好运、和平安康，人们将其作为吉祥物来收藏和展陈。

壮锦

中国四大名锦，分别是南京云锦、成都蜀锦、苏州宋锦和广西壮锦。1937 年，在上海举行的全国手工艺品展览会上，忻城送展的壮锦被面等，大受各界人士青睐，其中龙凤壮锦被面获甲等奖。

北京故宫博物院收藏着清朝乾隆时期的“几何朵花纹壮锦被面”，以深棕色棉线为地经、地纬，交织成一交一平纹组织的锦地，又以黄、杏黄、红、白、粉红、粉、湖绿、雪灰、绿、驼、银灰等十余种丝绒线为纹纬与地经交织，采用通梭工艺技巧织几何纹、龟背纹骨架，在几何纹、龟背纹骨架内，又采用通经断纬的挖梭盘织的挖花工艺织朵菊花纹。……此壮锦被面构图繁缛丰满，织工精密细致，用色丰富，明快亮丽，具有壮族织物的特点及风格，是壮锦中的精品之作。

绚丽的壮锦

在清代谢启昆修的《广西通志》中可以读到一则有关壮锦的记录：

壮锦，各州县出，壮人爱彩，凡衣裙巾被之属，莫不取五色绒杂以织布，为花鸟状，远视颇工巧炫丽，近视则粗，壮人贵之。

广西各州县都有壮锦，壮族人喜欢绚丽的色彩，他们的衣服裙子毛巾被子，都喜欢用五颜六色的绒线夹杂其中用来织布，多织成花鸟形状，远看很漂亮，近看则显得粗陋些，壮族人将壮锦视为珍贵之物。

1937 年吴尊任编的《广西特产物品志略》除收录这则文字，还收录了另外三则有关壮锦的文字，分别如下：

壮锦，俗呼土锦，以丝杂棉织之，五彩斑斓，葳蕤陆离，真杜诗之海图波涛，天吴紫凤也，州地所织较厚，镇边尤软美可珍。

土锦各处皆有，永定忻城精致。

忻城夙以善制壮锦著名，制法以五彩绒杂棉纱，织成人物花鸟，色泽鲜艳，质地坚实，以为衾褥，可历数十年不敝，土产中之佳品也，惜花样未入时，如设一工厂招集熟练织工，授以图式，使化俗为雅，并于衾褥之外，加织幛幕椅毯（tián）椅垫等品，传习日广，图案日新，声价当日长也。

壮锦，通常称土锦，用丝夹杂着棉织成，五颜六色，华美绚丽，犹如杜甫诗中的海上波涛、水神天神，有些地方的壮锦织得比较粗厚，广西西部的壮锦就比较柔美珍贵。

壮锦各地都有，以永定和忻城的最为精致。

忻城向来就以擅长制作壮锦出名，制作方法是用五彩绒夹杂棉纱，织成人物或花鸟，色彩鲜艳，质地坚实，做成衣服和床上用品，几十年也不会坏，是特产中的佳品。可惜花样不能追赶潮流。如果开设一个工厂搜集熟练织工，把图样教授给他们，化俗为雅，在衣服和床上用品之外，还可以制作帘、罩、垫等用品，传承时间越长，图案花样越新，它的声誉和价格也就会日益提升。

关于壮锦的文字，不仅有历史文献，也有神话想象。1952 年，民间文学家肖甘牛曾在来宾城厢镇格兰村农民黄永和那里采集到一个有关壮锦的幻想故事《一幅壮锦》。

故事说的是一位名叫妲布的母亲，擅长编织壮锦。有一天，她看到一张五彩的图画，觉得非常漂亮，决定将这张图画编织成壮锦。妲布花了三年的时间，这幅大壮锦终于大功告成，根据肖甘牛采访所得，可知画面大致如下：

几间高大的房子，蓝的瓦，青的墙，红的柱子，黄的大门。门前是一座大花园，开着鲜艳的花朵。花园里有鱼塘，金鱼在塘里摆尾巴。房子左边是一座果园，果树结满红红的果子，果树上有各种各样的飞鸟。房子右边是一座菜园，园里满是青青的菜，黄黄的瓜。房子后面是一大片草地，草地上有牛羊棚、鸡鸭笼，牛羊在草地吃草，鸡鸭在草地上啄虫。离房子不远的山脚下，有一大片田地，田地里满是金黄的玉米和稻谷。清清的河水在村前流过，红红的太阳从天空照下来。

有趣的是，这个故事安排了一个情节，这幅壮锦被一阵风吹到天上，到了太阳山顶，天上的仙女很喜欢这幅壮锦，她们依照妲布的图案学习织锦。其中一个红衣仙女希望自己能到这幅壮锦所描绘的画面里生活，就在这幅壮锦上绣上自己的像——壮锦上的红衣仙女站在鱼塘边，看着鲜红的花朵。

妲布的小儿子勒惹费尽千辛万苦找到太阳山顶，要回了母亲编织的壮锦，回到家里，见到母亲，将从太阳山顶取回的壮锦在太阳下展开，肖甘牛写道：

一阵香风吹来，壮锦慢慢地伸宽，把几里宽的平地都铺满了。妲布原来住的茅屋不见了，却有了几间金碧辉煌的大房子，周围是花园、菜园、田地、牛羊，像锦上织的一模一样。妲布和勒惹就站在大房门前。忽然，妲布看见花园里鱼塘边有个红衣姑娘在那里看花，妲布急忙走过去问。姑娘说她是仙女，因为她的像绣在壮锦上面就被带来了。

实际上，壮族人民是用编织壮锦的方式憧憬他们的美好生活。

壮族人的服饰经常有壮锦元素。元代陈孚《思明州》中的第二首：

手捧槟榔染蛤灰，峒中妇女趁墟来。
蓬头赤脚无铅粉，只有风吹锦带开。

峒中的壮族妇女前去赶圩，她们蓬头赤脚，也没有涂脂抹粉，但一阵风吹过，她们身上的锦带飘动起来，自有别样风情。

明代解缙《龙州》诗中的“黄帽葛衣墟市客，青裙锦带冶游人”也描绘了城里城外到处都是波罗蜜树，铜鼓喧天，神明出动走街串巷，集市上客人们戴黄帽穿葛衣，春游的人们穿着壮锦装饰的青绿裙子的景象。

壮锦成为壮族人不可或缺的装饰品。

清代忻城举人莫震《忻城竹枝词》中有一首形象地写出了当地壮族百姓编织壮锦的情景：

十月山城灯火明，家家织锦到三更。
邻鸡乍唱停梭后，还听砧声杂臼声。

家家户户编织壮锦直到鸡叫才停止，紧接着又开始准备一天的饭菜。从这首诗可以感觉到当地壮族人的生活既富足又辛劳。

织锦

正如有学者认为：壮锦不仅是一种常见的日用品，同时也是一种精美的艺术品，它绚丽多彩的图案蕴含着浓厚的壮族文化和信仰，渗透着壮族人民的乐观精神，凝聚着壮族人民对美好生活的向往，是承载着壮族文化记忆的“活化石”。

多彩壮锦